그린멜로즈의 사계절 그린 레시피

제철 과일과 재료로 즐기는 나만의 홈카페 음료

그린멜로즈의
사계절 그린 레시피

◆

GreenMelrose

박진영 글·사진

목차

봄 Spring

딸기청 •012
    봄 딸기 에이드 •014
    딸기 그린티 라테 •015

금귤청 •016
    금귤 에이드 •018
    금귤 그린티 에이드 •019

봄 그린 스무디 •020

벚꽃 코디얼 •022

레몬청 •024
    레몬 깻잎 모히토 •026
    레몬 말차 에이드 •027

카라카라 오렌지청 •028
    카라카라 오렌지 에이드 •030

봄 피크닉 음료 •032

청포도 레몬청 •034
    청포도 페퍼민트 에이드 •036
    청포도 아이스티 •037

애플망고청 •038
    애플망고 라씨 •040
    애플망고 피나콜라다 •041

오렌지 애플망고청 •042
    오렌지 애플망고 스피어민트 에이드 •044
    오렌지 애플망고 말차 에이드 •045

루바브로즈 딸기 코디얼 •046

시트러스 비타민 스무디 •048

파인애플 레몬청 •050
    파인애플 코코넛 에이드 •052
    파인애플 모히토 •053

패션프루트청 •054

블랙사파이어 포도청 •056

오렌지 레몬머틀 코디얼 •058
    오렌지 레몬머틀 에이드 •060
    오렌지 레몬머틀 상그리아 •061

봄제주 하귤 꿀청 •062
    봄제주 하귤 에이드 •064
    하귤 얼그레이 하이볼 •065

여름 Summer

체리청 · 068
    체리 에이드 · 070
    체리 우유 · 071
망고 키위청 · 072
살구청 · 074
    살구 코디얼 · 076
천도복숭아청 · 078
    블루멜로 코디얼 · 080
방울토마토청 · 082
    토마토 바질 에이드 · 084
블루베리 레몬청 · 086
망고용과 스무디 · 088
산딸기 로즈메리 코디얼 · 090
    산딸기 로즈메리 스파클링 에이드 · 092
자두청 · 094
    자두 아이스티 · 096
자두 코디얼 · 098
    자두 타임 코디얼 에이드 · 100
    자두 콤부차 에이드 · 101

복숭아청 · 102
    복숭아 에이드 · 104
여름루비 자몽청 · 106
참외청 · 108
    참외 에이드 · 110
    참외 스무디 · 111
라임 레몬청 · 112
    라임 민트 에이드 · 114
    라임 오이 칵테일 · 115
베리 스무디 · 116
아로니아청 · 118
    아로니아 에이드 · 120
수박 칵테일 · 122
로즈 코디얼 · 124
    로즈 에이드 · 126
    로즈 밀크티 · 127
여름 믹스청 · 128
    여름 믹스청 에이드 · 130
오디청 · 132

가을 Fall

청귤 코디얼 · 136
청귤청 · 138
   청귤청 에이드 · 140
   청귤 티 · 141
석류청 · 142
   석류 허브티 에이드 · 144
   석류차 · 145
무화과청 · 146
   무화과 밀크티 · 148
팬지 레몬청 · 150
   팬지 레모네이드 · 152
황금사과청 · 154
   황금사과 재스민 티 · 156
솜사탕포도청 · 158
트리플베리청 · 160
감청 · 162
시금치 그린 스무디 · 164
비트 스무디 · 166

애플 시나몬청 · 168
   애플 시나몬 에이드 · 170
   애플 시나몬 블랙 티 · 171
모과청 · 172
   모과 레몬밤 허브 에이드 · 174
   모과 레몬그라스 티 · 175
오미자 레몬청 · 176
   오미자 라임 에이드 · 178
오렌지 당근 진저 스무디 · 180
라즈베리 라벤더 코디얼 · 182
   스파클링 라즈베리 라벤더 에이드 · 184
단호박 바닐라 시나몬 스무디 · 186

겨울 Winter

유자청 · 190
    유자 우롱티 에이드 · 192
    유자 캐모마일 티 · 193

레몬 진저청 · 194
    레몬 진저티 에이드 · 196
    레몬 진저티 · 197

크랜베리청 · 198
    크리스마스 펀치 · 200
    크랜베리 밀크 · 201

에메랄드 키위청 · 202
    키위 논알코올 모히토 · 204
    키위 스트로베리 에이드 · 205

딸기 코디얼 · 206
    딸기 논알코올 모히토 · 208
    딸기 블랙 밀크티 · 209

스위트 그린 자몽청 · 210

한라봉청 · 212
    한라봉 히비스커스 에이드 · 214
    한라봉 민트 에이드 · 215

레드 용과 스무디 · 216

열대과일청 · 218
    열대과일 에이드 · 220

파파야 바나나 스무디 · 222

뱅쇼 · 224
    뱅쇼 티 · 226
    아이스 뱅쇼 · 227

자몽 꿀청 · 228
    자몽 꿀차 · 230
    자몽 에이드 · 231

자몽 로즈힙 코디얼 · 232

초코 진저 스무디 · 234

밀크티 시럽 · 236
    아이스 밀크티 · 238

저자의 말

집이라는 공간의 의미가 달라졌습니다. 재택근무도 늘고 집에서 더 많은 취미 활동이나 생산적인 일을 하면서 시간을 보내게 되었고요. 가장 편안하게 쉴 수 있는 집에서 간편하고 멋지게, 무엇보다 건강하고 맛있게 다양한 음료를 만들어 즐기는 방법을 전하고 싶었습니다.

저는 레시피를 만들고 응용할 때 재료 본연의 맛, 자연 그대로의 맛을 최대한 살리고자 노력해왔습니다. 과일, 허브나 꽃, 향신료 등을 함께 블랜딩해서, 누구나 편하게 즐길 수 있는 은은하고 자연스러운 맛을 여전히 새롭게 찾아 응용하고 있습니다.

제철 과일, 허브, 꽃차 등을 오랫동안 보존해 먹을 수 있도록 만든 저장식품을 '코디얼'이라고 합니다. 한마디로 과일과 천연재료 등을 끓여 농축해서 만든, 일종의 수제 시럽이지요. 시간, 장소, 상황, 분위기에 따라 기분 전환용 음료로 활용할 수 있는 코디얼과 수제청, 스무디 등의 매력도 다양하게 즐기실 수 있을 거예요.

봄에는 나른한 기분을 깨우는 비타민이 가득한 상큼한 금귤 에이드, 여름에는 더위를 식히는 새콤달콤한 자두, 복숭아, 체리를 활용한 음료, 가을에는 풍요로운 향기를 머금은 감청과 단호박 라테, 겨울에는 몸을 따뜻하게 하는 레몬과 진저 그리고 딸기를 활용한 차들을 마실 수 있죠. 기분과 용도에 따라 다양한 칵테일로 만들 수도 있고요.

《그린멜로즈의 사계절 그린 레시피》에는 이렇게 다양한 계절 과일을 활용해 사계절 내내 즐길 수 있는 음료 레시피를 130여 개 이상 담았습니다. 카페나 온라인 창업을 계획하는 분, 수제 음료에 관심 있으신 분을 대상으로 진행해온 클래스를 통해 개발해온 레시피들이 더 많은 분의 마음과 건강에 도움이 된다면 좋겠습니다.

그린멜로즈 GreenMelrose
박진영

봄
Spring

Spring Strawberry Ade / Strawberry Green Tea Latte / Tangerine Ade / Tangerine Green Tea Ade / Spring Green Smoothies / Cherry Blossom Simple Cordial / Lemon Sesame Leaf Mojito / Lemon Matcha Ade / Cara Cara Orange Ade / Spring Picnic Drink / Green Grape Peppermint Ade / Green Grape Ice Tea / Apple Mango Rash / Apple Mango Pina Colada / Orange Apple Mango Spearmint Ade / Orange Apple Mango Matcha Ade / Rhubarb Rose Strawberry Simple Cordial / Citrus Vitamin Smoothie / Citrus Vitamin Smoothie / Pineapple Coconut Ade / Pineapple Mojito / Orange Lemon Myrtle Simple Cordial / Orange Lemon Myrtle Ade / Orange Lemon Myrtle Sangria / Black Sapphire Grape Ade / Black Sapphire Grape Latte / Orange Lemon Myrtle Ade / Orange Lemon Myrtle Sangria / Jeju Spring Tangerine Ade / Tangerine Earl Grey Highball

딸기청

딸기는 봄을 알리는 대표적인 과일 중 하나이다. 딸기는 누구나 선호하는 달콤한 맛을 지니고 영양가도 풍부하며 우유 등과 다양하게 어울린다. 딸기를 고를 때에는 꼭지가 마르지 않고 진한 푸른색을 띠는 딸기가 싱싱하다는 사실을 기억하자. 딸기청은 한번 만들어두면 남녀노소 모두에게 잘 맞는 다양한 음료로 활용할 수 있다.

Recipe

딸기 300g, 레몬즙 30g, 유기농 설탕 260g

1 딸기는 세척한 뒤 물기를 제거하고 꼭지를 딴다.
2 딸기를 큐브 모양으로 일정하게 슬라이스 한다.
3 레몬즙, 유기농 설탕을 넣어 주걱으로 살살 골고루 섞는다.
4 설탕이 완전히 녹으면 소독한 밀폐 용기에 담아 냉장 보관한다.
5 일주일간 숙성한 뒤 음료 베이스로 사용한다.
6 2개월간 냉장 보관이 가능하다.

봄 딸기 에이드

Spring Strawberry Ade

딸기청 5T, 탄산수 200ml, 얼음, 딸기, 허브

1 유리컵에 딸기청을 용량만큼 넣는다.
2 얼음을 컵의 절반 이상 채운다.
3 탄산수 200ml를 컵에 붓는다.
4 딸기와 허브로 장식해서 마무리한다.

봄
Spring

딸기 그린티 라테

Strawberry Green Tea Latte

딸기청 5T, 우유 150ml, 따뜻한 물 30ml, 말차 3g, 얼음, 딸기, 민트

1 따뜻한 물 30ml에 말차 3g을 넣어 잘 풀어준다.
2 유리컵에 딸기청을 용량만큼 넣는다.
3 얼음을 컵의 절반 정도 채우고 우유를 붓는다.
4 위에서 잘 풀어준 말차를 붓는다.
5 딸기와 민트로 장식해서 마무리한다.

금귤청

봄이 다가오는 2월 무렵이면 짧은 금귤 시즌을 만날 수 있다. 제주에서 주로 수확하는 금귤나무에는 꽃이 몇 차례 피고 진다고 한다. 맛은 달고도 신맛이 나며 껍질째 먹을 수 있다는 특징이 있다. 봄에 처음 딴 찻잎으로 만든 우전 녹차는 우아하고 여린 맛을 지니고 있어 금귤과 잘 어울린다.

Recipe

금귤 300g, 레몬즙 30g, 유기농 설탕 260g

1 제주 금귤은 깨끗하게 세척한 뒤 물기를 제거한다.
2 금귤의 꼭지를 자른다.
3 일정한 두께로 슬라이스 해 씨를 뺀다.
4 레몬즙, 유기농 설탕을 넣어 주걱으로 살살 잘 섞는다.
5 설탕이 완전히 녹으면 소독한 밀폐 용기에 담아 냉장 보관한다.
6 일주일간 숙성한 뒤 음료 베이스로 사용한다.
7 2개월간 냉장 보관이 가능하다.

금귤 에이드   Tangerine Ade

제주 금귤청 5T, 탄산수 200ml, 얼음, 금귤, 민트, 냉동 크랜베리

1 유리컵에 제주 금귤청을 용량만큼 넣는다.
2 얼음을 컵의 절반 이상 채운다.
3 탄산수 200ml를 컵에 붓는다.
4 금귤을 슬라이스 해서 얼음 위에 올리고 민트와 냉동 크랜베리로 장식해서 마무리한다.

봄
Spring

금귤 그린티 에이드

Tangerine Green Tea Ade

제주 금귤청 4T, 따뜻한 물 100ml, 우전 녹차 3g, 얼음, 금귤, 냉동 레드커런트, 타임

1 따뜻한 물 100ml에 우전 녹차 3g을 3분간 우려낸다.
2 유리컵에 제주 금귤청을 용량만큼 넣는다.
3 얼음을 컵의 절반 이상 채운다.
4 컵 안쪽 면에 금귤을 슬라이스 해서 넣는다.
5 우려낸 녹차를 유리컵에 붓는다.
6 칵테일 픽에 금귤을 꽂아 컵에 담고 냉동 레드커런트와 타임으로 장식해서 마무리한다.

그린멜로즈의
사계절
그린 레시피

봄 그린 스무디

봄이 오고 초록 새싹이 피어나며 자연이 새로 시작하듯이 우리 몸에도 봄이 오면 다양한 영양소가 필요하다. 달콤하지만 소박한 자연의 재료로 맛과 영양이 풍성한 그린스무디로 봄을 시작해보자. 사과, 파인애플 등의 과일에 케일과 아보카도를 함께 활용해본다. 맛과 영양 모두 풍부하게 즐길 수 있는 봄 그린 스무디는 다이어트에도 좋다.

▸ Recipe

(2인분) 쥽케일 2장, 사과 1개, 파인애플 1컵, 아보카도 반 개, 레몬즙 1t, 코코넛 워터 1컵, 아가베 시럽

1 사과는 껍질째 씨를 제거하고 한입 크기로 자른다.
2 파인애플 꼭지를 제거하고 위아래로 껍질도 제거한 뒤 한입 크기로 자른다.
3 아보카도는 반을 잘라 씨를 제거한 뒤 껍질을 벗겨 사용한다.
4 케일의 줄기는 살짝 잘라내고 손으로 찢어 블렌더에 넣는다.
5 레몬즙 1t, 코코넛 워터 1컵을 넣고 곱게 부드러워질 때까지 갈아준다.
6 코코넛 워터로 농도를 조절한다.
7 단맛을 원하면 꿀 또는 아가베 시럽을 추가한다.
8 과일 슬라이스와 식용꽃을 활용해 장식해서 마무리한다.
9 밀폐 용기에 담아 냉장 보관하며 2일 이내 섭취한다.

벚꽃 코디얼

벚꽃은 그 자체로 봄과 처녀를 상징하고, 열매는 천국의 과일로 비유되었다고 한다. 화려하고도 청순한 벚꽃은 눈으로 보는 것뿐만 아니라 코디얼로 만들어 먹을 수도 있으며 플레이팅에도 다양하게 활용할 수 있다. 코디얼은 기호에 따라 물 대신 탄산으로도 즐길 수 있다. 식용 벚꽃을 활용해 예쁘고 맛있는 코디얼을 만들어 활용해보자.

Recipe

식용 겹벚꽃 50g, 물 250g, 레몬즙 25g, 유기농 설탕 200g

1 식용 가능한 꽃차를 구입해 잎과 꽃을 분리한다.
2 물, 레몬즙, 유기농 설탕과 함께 벚꽃을 냄비에 담아 저온 약불로 은은하게 20~30분 정도 끓인다.
3 불에서 내려 1시간 이상 실온에 놓아둔다.
4 채반을 받쳐 건더기는 걸러낸다.
5 소독한 밀폐 용기에 담아 냉장 보관한다.
6 3일간 숙성한 뒤 음료 베이스로 사용한다.
7 3개월간 냉장 보관이 가능하다.

레몬청

비타민과 건강의 대명사인 레몬은 히말라야가 원산지로, 시원하고 기후의 변화가 없는 곳에서 잘 자란다. 지중해 연안에서 재배하는 레몬이 가장 품질이 좋다고 알려져 있다. 상큼한 레몬청만 있다면 비타민이 풍부한 다양한 음료로 활용할 수 있다. 깻잎이나 말차 등과 함께 응용해 독특한 맛과 향을 다채롭게 즐겨보자.

Recipe

레몬 슬라이스 300g, 레몬즙 30g, 유기농 설탕 260g

1 레몬은 깨끗하게 세척한 뒤 물기를 제거한다.
2 레몬의 양옆 꼭지를 제거하고 세워서 반을 잘라 가로로 반달 모양으로 슬라이스 한다.
3 레몬의 씨는 쓴맛을 유발하니 모두 제거한다.
4 레몬즙, 유기농 설탕을 넣어 주걱으로 살살 잘 섞는다.
5 설탕이 완전히 녹으면 소독한 밀폐 용기에 담아 냉장 보관한다.
6 일주일간 숙성한 뒤 음료 베이스로 사용한다.
7 2개월간 냉장 보관이 가능하다.

그린멜로즈의
사계절
그린 레시피

레몬 깻잎 모히토

Lemon Sesame Leaf Mojito

레몬청 4T, 라임즙 1t, 토닉워터 150ml, 얼음, 깻잎, 라임 슬라이스

1 유리컵에 깻잎을 넣어 풍미가 올라오게 머들러로 살짝 으깬다.
2 유리컵에 레몬청을 용량만큼 넣는다.
3 얼음을 컵의 절반 이상 채우고 컵 안쪽 면에 깻잎을 넣는다.
4 라임즙 1t, 토닉워터 150ml를 붓는다.
5 라임 슬라이스와 깻잎으로 장식해서 마무리한다.

봄
Spring

레몬 말차 에이드

Lemon Matcha Ade

레몬청 5T, 탄산수 150ml, 따뜻한 물 30g, 말차 3g, 얼음, 레몬 슬라이스, 허브

1 따뜻한 물 30ml에 말차 3g을 넣어 잘 풀어준다.
2 유리컵에 레몬청을 용량만큼 넣는다.
3 얼음을 컵의 절반 이상 채워주고 탄산수 150ml를 붓는다.
4 위에서 잘 풀어준 말차를 붓는다.
5 레몬 슬라이스와 허브로 장식해서 마무리한다.

카라카라 오렌지청

카라카라 오렌지는 개량 품종으로, 새콤한 일반 오렌지에 비해 단맛이 무척 강하다. 신맛을 즐기지 않는 사람도 부담 없이 즐길 수 있고 오렌지 특유의 비타민C도 풍부해 피부 미용, 활력에 좋다. 특별히 영양소가 많아 The Power Orange라고도 한다. 자몽과 비슷한 색깔의 분홍색 과육을 지녔으나 자몽과의 교배종이 아니라 네이블 오렌지의 일종이다.

Recipe

카라카라 오렌지 과육 300g, 레몬즙 30g, 유기농 설탕 260g

1 카라카라 오렌지는 깨끗하게 세척한 뒤 물기를 제거한다.
2 오렌지의 양옆 꼭지를 제거하고 세워서 칼로 겉껍질과 속껍질 흰 부분을 잘라낸다.
3 속살 과육 사이 껍질에 칼집을 내서 과육만 빼낸다.
4 유기농 설탕, 레몬즙을 넣어 주걱으로 살살 잘 섞는다.
5 설탕이 완전히 녹으면 소독한 밀폐 용기에 담아 냉장 보관한다.
6 일주일간 숙성한 뒤 음료 베이스로 사용한다.
7 2개월간 냉장 보관이 가능하다.

카라카라 오렌지 에이드   Cara Cara Orange Ade

카라카라 오렌지 5T, 탄산수 200ml, 얼음, 오렌지 슬라이스, 냉동 과일, 타임

1 유리컵에 카라카라 오렌지청을 용량만큼 넣는다.
2 얼음을 컵의 절반 이상 채우고 탄산수 200ml를 붓는다.
3 오렌지 슬라이스, 타임으로 장식해서 마무리한다.
4 빨간 냉동 과일을 사용해 플레이팅하면 색감이 더욱 돋보인다.

봄
Spring

카라카라 오렌지는
새콤한 일반 오렌지에 비해
단맛이 무척 강하다

봄 피크닉 음료

피크닉에 가장 어울리는 계절 봄! 연둣빛 이파리와 화사한 꽃에 잘 어울리는 봄 피크닉 음료를 만들 수 있다. 다양한 제철 과일과 음료를 함께 섞어 야외에서 즐겨보자. 봄과 마음 모두 싱그러운 봄기운에 푹 젖어들 것이다.

Recipe

코디얼 5T, 오렌지, 사과, 레몬, 허브, 얼음, 물 또는 탄산수

1 다양한 과일을 유리병에 슬라이스 해 담는다.
2 좋아하는 과일 허브를 넣는다.
3 코디얼 5T를 넣고 물 또는 탄산수를 넣는다.
4 피크닉 음료로 맛있게 즐긴다.

Green Grape & Lemon

청포도 레몬청

청포도는 구연산과 유기산이 풍부해 피로회복에 좋고, 알맹이가 균일하게 달릴수록 좋은 포도이다. 비타민이 풍부한 레몬과 함께 청포도 레몬청을 만들어 두고두고 활용할 수 있다.
청포도의 달달함과 페퍼민트의 멘톨향이 잘 어우러지는 에이드와 아이스티를 만들어 즐겨보자.

Recipe

청포도 220g, 레몬 슬라이스 80g, 레몬즙 30g, 유기농 설탕 260g

1 청포도는 깨끗하게 세척한 뒤 알알이 따서 물기를 제거한다.
2 포도의 꼭지 부분은 잘라내고 가로로 일정하게 슬라이스 한다.
3 레몬의 양옆 꼭지를 제거하고 세워서 반을 잘라 가로로 반달 모양으로 슬라이스 한다.
4 레몬즙, 유기농 설탕을 넣어 주걱으로 살살 잘 섞는다.
5 설탕이 완전히 녹으면 소독한 밀폐 용기에 담아 냉장 보관한다.
6 일주일간 숙성한 뒤 음료 베이스로 사용한다.
7 2개월간 냉장 보관이 가능하다.

청포도 페퍼민트 에이드 　　　　　　　Green Grape Peppermint Ade

청포도 레몬청 4T, 따뜻한 물 100ml, 페퍼민트 티백 1개, 민트잎, 얼음, 청포도, 레몬 슬라이스

1　따뜻한 물 100ml에 허브 페퍼민트 티백을 넣어 3분간 우려낸다.
2　유리컵에 청포도 레몬청을 용량만큼 넣는다.
3　얼음 사이 민트 잎을 떼어내 함께 넣는다.
4　얼음을 컵의 절반 이상 채운다.
5　우려낸 티를 유리컵에 붓는다.
6　청포도, 레몬 슬라이스, 민트로 장식해서 마무리한다.

봄
Spring

청포도 아이스티

Green Grape Ice Tea

청포도 레몬청 4T, 따뜻한 물 100ml, 홍차 티백 1개, 얼음, 라임 슬라이스, 청포도, 민트, 크랜베리

1 따뜻한 물 100ml에 홍차 티백 1개를 3분간 우려낸다.
2 유리컵에 청포도 레몬청을 용량만큼 넣는다.
3 얼음을 컵의 절반 이상 채운다.
4 우려낸 홍차를 유리컵에 붓는다.
5 컵 안쪽 측면에 슬라이스 한 라임을 붙이고 청포도와 크랜베리, 민트로 장식해서 마무리한다.

Apple Mango

애플망고청

봄철 수입 과일인 애플망고는 붉은빛이 감도는 껍질로 익은 모습이 사과랑 비슷해 애플망고라는 이름이 붙었다.
망고는 후숙과일로 말랑말랑해질 때까지 기다렸다 즐기는 게 좋다.
빨간 껍질에 속은 노란빛 과육으로 과즙이 풍부하고 달콤하고 향긋하다. 달콤 상큼한 맛에 고소함을 더한 '라씨'로도, 코코넛 밀크를 더해 칵테일인 피나콜라다로도 활용할 수 있다.

Recipe

애플망고청 290g, 레몬즙 40g, 유기농 설탕 260g

1 애플망고는 깨끗하게 세척한 뒤 물기를 제거한다.
2 세로로 씨를 피해 잘라낸 뒤 가로세로 여러 번 격자로 칼집을 내고 뒤로 젖혀 과육을 껍질에서 분리한다.
3 큐브 모양으로 일정하게 슬라이스 한다.
4 레몬즙, 유기농 설탕을 넣어 주걱으로 살살 잘 섞는다.
5 설탕이 완전히 녹으면 소독한 밀폐 용기에 담아 냉장 보관한다.
6 일주일간 숙성한 뒤 음료 베이스로 사용한다.
7 2개월간 냉장 보관이 가능하다.

애플망고 라씨

Apple Mango Rash

애플망고청 4T, 망고 1컵, 바닐라 시럽 1T, 그릭 요거트 100g, 아몬드 밀크 1컵, 카다몬 파우더 1/4t, 얼음, 망고, 허브

1. 블렌더에 모든 재료를 넣어 곱게 갈아준다.
2. 컵에 얼음을 약간 넣어 라씨를 넣는다.
3. 망고 슬라이스와 허브로 장식해서 마무리한다.

봄
Spring

애플망고 피나콜라다   Apple Mango Pina Colada

애플망고청 5T, 라임즙 1T, 코코넛 밀크 100ml, 럼 2T, 얼음, 라임 슬라이스, 허브

1. 유리컵에 애플망고청을 용량만큼 넣는다.
2. 라임즙, 럼, 코코넛 밀크를 부어 잘 섞는다.
3. 얼음을 컵의 절반 이상 채운다.
4. 라임 슬라이스와 허브로 장식해서 마무리한다.
5. 논알코올로도 럼을 제외하고 즐겨보자.

오렌지 애플망고 청

애플망고에 오렌지를 더해 청을 만들면 더 상큼하고 향긋한 맛을 끌어낼 수 있다. 오렌지는 형태가 둥글고 견고하며, 상대적으로 무겁고 껍질이 부드러운 것이 더 싱싱하고 맛이 좋다.

애플망고는 당도와 과즙이 풍부하고 열량은 낮아 다이어트에 유용하고, 혈액을 깨끗하게 해 동맥경화, 빈혈, 암 예방에 효능이 있다. 열대, 아열대 기후에서 잘 자란다.

Recipe

오렌지 170g, 애플망고 130g, 레몬즙 30g, 유기농 설탕 260g

1 오렌지, 애플망고는 깨끗하게 세척한 뒤 물기를 제거한다.
2 오렌지의 양쪽 끝부분을 잘라내 세워서 겉껍질과 속껍질을 함께 위아래로 제거한다.
3 속껍질 사이사이 칼집을 내서 과육만 꺼낸다.
4 망고는 세로로 씨를 피해 잘라낸 뒤 가로세로 여러 번 격자로 칼집을 내고 뒤로 젖혀 과육을 껍질에서 분리한다.
5 큐브 모양으로 일정하게 슬라이스 한다.
6 레몬즙, 유기농 설탕을 넣어 주걱으로 살살 잘 섞는다.
7 설탕이 완전히 녹으면 소독한 밀폐 용기에 담아 냉장 보관한다.
8 일주일간 숙성한 뒤 음료 베이스로 사용한다.
9 2개월간 냉장 보관이 가능하다.

오렌지 애플망고 스피어민트 에이드 Orange Apple Mango Spearmint Ade

오렌지 애플망고청 5T, 탄산수 200ml, 얼음, 스피어민트 잎, 레몬 슬라이스

1 스피어민트 잎을 조금 넣어 풍미가 올라오게 머들러로 살짝 으깬다.
2 유리컵에 오렌지 애플망고청을 용량만큼 넣는다.
3 얼음을 컵의 절반 이상 채우고 중간중간 민트잎을 더 넣는다.
4 탄산수 200ml를 붓는다.
5 레몬 슬라이스와 허브로 장식해서 마무리한다.

봄
Spring

오렌지 애플망고 말차 에이드   Orange Apple Mango Matcha Ade

애플망고청 4T, 탄산수 150ml, 따뜻한 물 30ml, 말차 3g, 얼음, 건과일, 허브

1 따뜻한 물 30ml에 말차가루를 넣어 잘 풀어준다.
2 유리컵에 애플망고청을 용량만큼 넣는다.
3 얼음을 컵의 반만 채우고 탄산수 150ml를 붓는다.
4 잘 풀어준 말차를 위에서 천천히 붓는다.
5 건과일에 칼집을 내 컵에 꽂고 허브로 장식해서 마무리한다.

그린멜로즈의
사계절
그린 레시피

Rhubarb Rose Strawberry Simple Cordial

루바브 로즈 딸기 코디얼

유럽이 원산지인 루바브는 새콤달콤한 맛과 특유의 향을 지녀 잼이나 디저트에 많이 사용된다. 식이섬유가 매우 풍부하고 칼로리가 적다. 국내에서도 재배되고는 있으나 상시 구매는 쉽지 않아 대부분 수입된 냉동 폴란드산으로 사용한다. 루바브 잎에는 독성이 있어 줄기 부분만 사용한다. 달콤한 딸기와 잘 어울린다.

Recipe

루바브 100g, 딸기 100g, 물 200g, 레몬즙 25g, 로즈페탈 2g, 유기농 설탕 200g

1 루바브는 실온에서 30분 정도 해동해 사용한다.
2 딸기는 작게 자르거나 머들러로 살짝 으깬다.
3 루바브, 딸기, 레몬즙, 유기농 설탕을 넣어 실온에서 1시간 이상 절여둔다.
4 물, 로즈페탈을 추가로 넣어 약불에서 은은하게 15분 정도 끓인다.
5 채반을 받쳐 건더기는 걸러낸다.
6 밀폐 용기에 담아 완전히 식으면 냉장 보관한다.
7 3일간 숙성한 뒤 음료 베이스로 사용한다.
8 3개월간 냉장 보관이 가능하다.

Citrus Vitamin Smoothie

시트러스 비타민 스무디

봄이 되면 겨우내 움츠렸던 몸에 활력이 필요하다. 비타민C가 가득하고 면역력을 높이며, 고당도의 과즙이 풍부한 오렌지를 만날 수 있는 계절. 따뜻한 날씨에 활동하며 마시기 좋은 시트러스 비타민 스무디를 만들어보자. 오렌지, 자몽, 레몬과 함께 파인애플의 풍미를 즐길 수 있다. 물 대신 코코넛 워터를 사용하면 더욱더 건강에 좋은 스무디를 만들 수 있다.

Recipe

오렌지 2개, 자몽 1개, 레몬 반 개, 라임즙 1T, 파인애플 1컵, 아가베 시럽 1T, 코코넛 워터 1컵

1 오렌지, 레몬, 자몽은 양쪽 끝부분을 잘라내 세워서 겉껍질과 속껍질을 함께 위아래로 제거하고 한입 크기로 자른다.
2 파인애플도 꼭지와 밑동을 제거하고 위아래로 껍질을 제거한 뒤 한입 크기로 자른다.
3 라임은 즙을 내 준비한다.
4 코코넛 워터 1컵을 함께 넣고 모든 재료가 곱고 부드러워질 때까지 갈아준다.
5 단맛을 원하면 꿀 또는 아가베 시럽을 추가한다.
6 밀폐 용기에 담아 냉장 보관하며 2일 이내 섭취한다.

파인애플 레몬청

남미가 원산지인 파인애플은 솔방울을 닮아서 이름도 파인애플이 되었다고 한다. 피로회복을 돕고 소화 흡수가 잘 되어 단맛뿐만 아니라 영양분도 높다. 비타민이 풍부하여 피로회복에 도움을 주고, 효소 성분이 소화와 연육작용을 돕는다.
파인애플 모히토는 간편하게 논알코올, 알코올 모두로 즐길 수 있다.

Recipe

파인애플 슬라이스 220g, 레몬 슬라이스 80g, 레몬즙 30g, 유기농 설탕 260g

1 파인애플은 세척한 뒤 물기를 제거한다.
2 꼭지와 밑동을 잘라내고 위에서 아래로 껍질을 제거한다.
3 심지를 제거하고 큐브 모양으로 슬라이스 한다.
4 레몬의 양옆 꼭지를 제거하고 세워서 반을 잘라 가로로 반달 슬라이스 한다.
5 레몬즙, 유기농 설탕을 넣어 주걱으로 살살 잘 섞는다.
6 설탕이 완전히 녹으면 소독한 밀폐 용기에 담아 냉장 보관한다.
7 일주일간 숙성한 뒤 음료 베이스로 사용한다.
8 2개월간 냉장 보관이 가능하다.

파인애플 코코넛 에이드　　　　　　　　　　Pineapple Coconut Ade

파인애플 레몬청 5T, 코코넛 워터 200ml, 얼음, 파인애플 슬라이스, 민트

1　유리컵에 파인애플 레몬청을 용량만큼 넣는다.
2　얼음을 컵의 절반 이상 채우고 코코넛 워터 200ml를 붓는다.
3　파인애플 슬라이스에 칼집을 내 컵에 꽂고 허브로 장식해서 마무리한다.

봄
Spring

파인애플 모히토

Pineapple Mojito

파인애플 레몬청 4T, 라임즙 1t, 라임 제스트, 토닉워터 150ml, 럼 1T, 설탕, 작게 갈린 얼음, 애플민트 적당히, 데코용 과일, 허브

1. 컵의 림 부분에 라임 조각을 한 바퀴 돌려 즙을 바른다.
2. 접시나 도마에 설탕, 라임 제스트를 얇게 펴서 컵을 뒤집어 골고루 묻힌다.
3. 유리컵에 라임을 작게 잘라 애플민트 잎을 함께 넣어 머들러로 살짝 으깬다.
4. 유리컵에 파인애플 레몬청을 용량만큼 넣는다.
5. 라임즙, 럼을 추가로 넣는다. 논알코올로 즐기려면 라임즙만 추가한다.
6. 작게 잘린 얼음을 컵의 절반 정도 채우고 토닉워터 150ml를 붓는다.
7. 라임 슬라이스, 애플민트로 장식해서 마무리한다.

패션프루트청

브라질이 원산지인 열대과일 패션프루트는 백향과라고도 하며, 복합적인 다양한 풍미를 느낄 수 있어서 사랑받고 있다. 절단면의 모양이 십자가를 떠올리게 한다는 이유로 '수난(the Passion)'이라는 의미의 '패션'이라는 이름이 붙었다고 한다. 맛과 향이 독특하고 강렬해 그대로 먹기도 하고 갈아서 주스로 마시기도 한다. 특히 제과 재료로 많이 사용한다.

Recipe

패션프루트 300g, 레몬즙 20g, 유기농 설탕 270g

1 잘 후숙된 패션프루트를 세척한 뒤 물기를 제거한다.
2 반으로 잘라 수저로 과육과 과즙을 긁어낸다.
3 레몬즙, 유기농 설탕을 넣어 주걱으로 살살 잘 섞는다.
4 냉동 패션프루트를 사용할 때는 미리 해동한다.
5 설탕이 완전히 녹으면 소독한 밀폐 용기에 담아 냉장 보관한다.
6 일주일간 숙성한 뒤 음료 베이스로 사용한다.
7 2개월간 냉장 보관이 가능하다.

Black Sapphire Grape

블랙사파이어 포도청

봄에 나오기 시작하는 블랙사파이어 포도는 열매가 길쭉한 생김새 때문에 가지포도라고도 불리며, 호주나 페루에서 주로 수입하는 과일이다. 손가락 한 마디 크기로 아삭한 식감과 높은 당도를 지닌다. 향이 달콤하지 않은데도 당도는 일반 포도보다 더 높으며 항암, 항산화 성분이 풍부하다. 봄이 되면 별미로 즐길 수 있는 포도이다.

Recipe

블랙사파이어 포도 300g, 레몬즙 30g, 유기농 설탕 260g

1 블랙사파이어 포도는 깨끗하게 세척한 뒤 알알이 따서 물기를 제거한다.
2 포도의 꼭지 부분은 잘라내고 가로로 일정하게 슬라이스 한다.
3 레몬즙, 유기농 설탕을 넣어 주걱으로 살살 잘 섞는다.
4 설탕이 완전히 녹으면 소독한 밀폐 용기에 담아 냉장 보관한다.
5 일주일간 숙성한 뒤 음료 베이스로 사용한다.
6 2개월간 냉장 보관이 가능하다.

오렌지 레몬머틀 코디얼

호주가 원산지인 레몬머틀은 비타민C가 풍부하며 라임 레몬의 향이 느껴진다. 상큼한 맛을 내는 시트랄 성분이 레몬에 비해 9배 정도 많아 면역력 강화에 좋다. 레몬머틀로 만든 차는 혈액 순환을 돕고 기침과 감기, 긴장 상태를 완화한다. 말릴 경우 특유의 레몬향이 더 짙어지는 특징이 있다. 코디얼을 만들어 피크닉 음료로 활용하거나 홈파티에서 샹그리아로 만들어 즐기기 좋다. 오일로 활용하기도 한다.

Recipe

오렌지 착즙 250g, 레몬머틀 5g, 레몬즙 20g, 유기농 설탕 200g

1 오렌지, 레몬은 시트러스 착즙기에 착즙해서 사용한다.
2 레몬머틀 허브 5g을 준비한다.
3 오렌지 착즙, 레몬즙, 레몬머틀, 유기농 설탕을 냄비에 넣어 약불로 은은하게 20분 정도 끓인다.
4 채반을 받쳐 건더기는 걸러낸다.
5 밀폐 용기에 담아 완전히 식으면 냉장 보관한다.
6 3일간 숙성한 뒤 음료 베이스로 사용한다.
7 3개월간 냉장 보관이 가능하다.

오렌지 레몬머틀 에이드   Orange Lemon Myrtle Ade

오렌지 레몬머틀 코디얼 5T, 물 200ml, 얼음, 냉동 베리, 허브

1 유리컵에 오렌지 레몬머틀 코디얼을 용량만큼 넣는다.
2 얼음을 컵의 절반 이상 채우고 물 200ml를 붓는다.
3 냉동 베리, 허브로 장식해서 마무리한다.
4 코디얼의 은은한 맛은 물과 희석했을 때 더 풍미가 좋다. 취향에 따라 탄산에 즐겨도 무방하다.

오렌지 레몬머틀 샹그리아 Orange Lemon Myrtle Sangria

화이트와인 1병, 오렌지 레몬머틀 코디얼 1컵, 오렌지, 사과, 라임, 로즈메리, 크랜베리

1 좋아하는 다양한 과일을 적당량 슬라이스 해 저그에 담는다.
2 로즈메리나 좋아하는 허브를 넣는다.
3 코디얼 1컵을 넣고 와인을 붓는다.
4 2시간 동안 냉장고에서 숙성한 뒤 홈파티 음료로 즐긴다.

봄 제주 하귤 꿀청

제주의 토종 과일인 하귤은 새콤하고 쌉싸름해 제주의 자몽이라고도 한다. 크고 껍질이 두꺼워 생김새는 유자와도 비슷하다. 겉껍질을 벗기고 나서 보이는 속껍질은 씁쓸한 맛이 나기 때문에 마찬가지로 벗겨 먹어야 좋다. 보통 귤은 겨울에 나는 과일인데 여름에 나기 때문에 하귤이라는 이름이 붙었다. 알알이 톡톡 터지는 상큼발랄한 식감이다.

Recipe

하귤 과육 300g, 레몬즙 30g, 유기농 설탕 250g, 꿀 2T

1 하귤은 깨끗하게 세척한 뒤 물기를 제거한다.
2 하귤의 겉껍질을 없앤 뒤 과육과 속껍질을 분리하고 씨를 제거한다.
3 레몬즙, 유기농 설탕, 꿀 2T를 넣어 주걱으로 살살 잘 섞는다.
4 설탕이 완전히 녹으면 밀폐 용기에 담아 냉장 보관한다.
5 일주일간 숙성한 뒤 음료 베이스로 사용한다.
6 2개월간 냉장 보관이 가능하다.

봄제주 하귤 에이드

Jeju Spring Tangerine Ade

하귤 꿀청 5T, 탄산수 200ml, 얼음, 건조 하귤, 허브

1. 유리컵에 하귤 꿀청을 용량만큼 넣는다.
2. 얼음을 컵의 절반 이상 채우고 탄산수 200ml를 붓는다.
3. 건조한 하귤 또는 허브로 장식해서 마무리한다.

봄
Spring

하귤 얼그레이 하이볼

Tangerine Earl Grey Highball

하귤청 5T, 레몬즙 1t, 토닉워터 100ml, 얼그레이 티백 1개, 물 70ml, 얼음, 레몬, 애플민트

1 따뜻한 물 70ml에 얼그레이 홍차를 3분간 우린다.
2 유리컵에 하귤 꿀청을 용량만큼 넣는다.
3 얼음을 컵의 절반 이상 채운다.
4 레몬즙 1t, 토닉워터 100ml를 부어 잘 섞는다.
5 우려낸 얼그레이 티를 위에서 천천히 붓는다.
6 레몬 슬라이스와 애플민트로 장식해서 마무리한다.
7 럼 2T를 추가로 넣어 즐겨도 좋다.

그린멜로즈의
사계절
그린 레시피

여름
Summer

Cherry Ade / Cherry Milk / Apricot Simple Cordial / Blue Mellow Simple Cordial / Tomato Basil Ade / Mango Red Dragon Fruit Smoothie / Summer Raspberry Rosemary Simple Cordial / Summer Raspberry Rosemary Sparkling Ade / Plum Ice Tea / Plum Simple Cordial / Plum Time Cordial Ade / Plum Kombucha Ade / Peach Ade / Oriental Melon Ade / Oriental Melon Smoothie / Lime Mint Ade / Lime Cucumber Cocktail / Mixed Berry Smoothie / Aronia Ade / Watermelon Cocktail / Rose Simple Cordial / Rose Ade / Rose Milk Tea / Summer Tropical Mixed Ade

체리청

작지만 과즙을 머금고 있어 달콤새콤한 식감이 일품인 체리는 과일 중의 다이아몬드라고 불릴 정도로 영양이 풍부하고 항산화 효과도 높다. 열량이 낮은 편이어서 다이어트에도 효과적이다. 생과일뿐만 아니라 건조과일로도 다양하게 활용된다. 과실이 크고 단단하며 과즙이 풍부하고 익을 때 적갈색을 띨수록 좋다. 우리말로는 버찌라고 한다.

Recipe

체리 300g, 레몬즙 30g, 유기농 설탕 260g

1 체리는 깨끗하게 세척한 뒤 물기를 제거한다.
2 꼭지를 떼어내고 씨를 중심으로 한 바퀴 칼로 돌린다.
3 칼집 낸 체리를 비틀어서 분리하고 씨를 제거한다.
4 반으로 슬라이스 한다.
5 레몬즙, 유기농 설탕을 넣어 주걱으로 살살 잘 섞는다.
6 설탕이 완전히 녹으면 소독한 밀폐 용기에 담아 냉장 보관한다.
7 일주일간 숙성한 뒤 음료 베이스로 사용한다.
8 2개월간 냉장 보관이 가능하다.

체리 에이드

Cherry Ade

체리청 5T, 탄산수 200ml, 얼음, 체리, 타임

1 유리컵에 체리청을 용량만큼 넣는다.
2 얼음을 컵의 절반 이상 채운다.
3 체리를 슬라이스 해 넣고 탄산수 200ml를 붓는다.
4 체리와 타임으로 장식해서 마무리한다.

체리 우유

Cherry Milk

체리청 5T, 우유 200ml, 얼음, 체리

1 유리컵에 체리청을 용량만큼 넣는다.
2 얼음을 컵의 반만 채우고 우유 200ml를 붓는다.
3 체리 아랫부분에 칼집을 내 컵에 꽂고 장식해서 마무리한다.

Mango Kiwi

망고 키위청

망고에는 비타민A와 카로틴이 풍부하다. 키위에는 비타민C가 오렌지의 2배, 비타민E가 사과의 6배, 식이섬유소가 바나나의 5배가 들어 있다고 한다. 맛도 좋고 영양도 풍부한 두 과일로 열대 여름의 풍미가 느껴지는 상큼하고 달콤한 망고 키위청을 만들어보자. 독특한 바질의 풍미를 더해 마시면 한여름 더위를 잊을 수 있다.

Recipe

망고 200g, 키위 100g, 레몬즙 30g, 유기농 설탕 260g

1 망고, 키위는 깨끗하게 세척한 뒤 물기를 제거한다.
2 세로로 씨를 피해 잘라낸 뒤 가로세로 여러 번 격자로 칼집을 내고 뒤로 젖혀 과육을 껍질에서 분리한다.
3 큐브 모양으로 일정하게 슬라이스 한다.
4 키위 꼭지를 제거한 뒤 위아래로 껍질을 벗긴다.
5 가로로 1cm 정도로 슬라이스 하고 다시 큐브 모양으로 자른다.
6 레몬즙, 유기농 설탕을 넣어 주걱으로 살살 잘 섞는다.
7 설탕이 완전히 녹으면 소독한 밀폐 용기에 담아 냉장 보관한다.
8 일주일간 숙성한 뒤 음료 베이스로 사용한다.
9 2개월간 냉장 보관이 가능하다.

Apricot

살구청

살구는 따뜻한 성질을 가지고 있고 유기산이 풍부해 무더위에 지친 여름, 몸에 활력을 불어넣는 과일이다. 달지만 열량은 낮아 다이어트에도 효과적이다. 비타민A가 풍부하며 항산화 효과도 높다. 쫄깃한 식감과 독특한 풍미를 느낄 수 있다. 살구 씨 안에 있는 아몬드도 먹을 수 있으며, 살구 잼에 넣어 향을 더하기도 한다.

Recipe

살구 300g, 레몬즙 30g, 유기농 설탕 260g

1 살구는 깨끗하게 세척한 뒤 물기를 제거한다.
2 살구 씨를 중심으로 한 바퀴 돌려가며 칼집을 낸다.
3 칼집이 난 살구를 비틀어서 분리하고 씨를 제거한다.
4 껍질째 세로로 슬라이스 한다.
5 레몬즙, 유기농 설탕을 넣어 주걱으로 살살 잘 섞는다.
6 설탕이 완전히 녹으면 소독한 밀폐 용기에 담아 냉장 보관한다.
7 일주일간 숙성한 뒤 음료 베이스로 사용한다.
8 2개월간 냉장 보관이 가능하다.

살구 코디얼

화창한 여름날의 햇살을 받으며 황금빛을 띠는 여름의 열매. 살은 연하고 즙이 많지 않으며 달고 향이 짙다. 살구는 그리 오래가지 않는다. 물에 씻을 경우에는 물기를 꼼꼼히 제거해야 제맛을 충분히 즐길 수 있다. 상큼하고 달콤한 살구를 코디얼로 만들어 다양하게 활용해보자. 탄산수를 활용해 살구 에이드로 간편하게 즐길 수 있다.

Recipe

살구 250g, 레몬즙 30g, 물 200g, 유기농 설탕 250g

1 살구는 깨끗하게 세척한 뒤 물기를 제거한다.
2 살구 씨를 중심으로 한 바퀴 돌려 칼집을 낸다. 칼집이 난 살구를 비틀어서 분리하고 씨를 제거한다.
3 껍질째 슬라이스 한다.
4 설탕에 절여 1시간 정도 실온에 놓아둔다.
5 레몬즙을 넣어 약불에서 20분 정도 끓인다.
6 채반을 받쳐 건더기는 걸러낸다.
7 밀폐 용기에 담아 완전히 식으면 냉장 보관한다.
8 3일 숙성한 뒤 음료 베이스로 사용한다.
9 3개월간 냉장 보관이 가능하다.

Nectarine

천도복숭아청

털이 있는 복숭아에 비해 크기가 작고, 당도가 낮으며 즙이 적고 신맛이 많다. 덜 무르고 먹거나 휴대하기가 더 간편하다. 인위적으로 개량되지 않은 자연 돌연변이로 태어난 과일로 원산지는 중국이다. 비타민이 풍부하고 상큼한 맛과 향이 난다. 풍미와 향이 좋지만 열량이 매우 낮고 카로틴이 풍부하다.

Recipe

천도복숭아 300g, 레몬즙 30g, 유기농 설탕 260g

1 천도복숭아는 깨끗하게 세척한 뒤 물기를 제거한다.
2 복숭아 꼭지를 중심으로 가로세로 십자 모양으로 칼집을 낸다.
3 칼집이 난 천도복숭아를 비틀어서 4등분으로 분리하고 씨를 제거한다.
4 껍질째 세로로 슬라이스 하거나 큐브 모양으로 썬다.
5 레몬즙, 유기농 설탕을 넣어 주걱으로 살살 잘 섞는다.
6 설탕이 완전히 녹으면 소독한 밀폐 용기에 담아 냉장 보관한다.
7 일주일간 숙성한 뒤 음료 베이스로 사용한다.
8 2개월간 냉장 보관이 가능하다.

블루멜로 코디얼

서양의 블루멜로라는 꽃차는 국내에서 당아욱이라는 이름으로 재배되고 있다. 호흡기 질환에 효과가 높고 노폐물 배출에도 좋다. 잎과 꽃을 수프와 샐러드에 사용하기도 한다. 티를 우리면 보라색 수색을 띠지만 레몬과 만나면 핑크색으로 바뀌어, 보는 재미도 쏠쏠하다. 탄산수를 활용해 간단히 에이드로 즐길 수 있다.

Recipe

블루멜로 허브티 5g, 물 250g, 레몬즙 30g, 유기농 설탕 200g

1. 물을 냄비에 끓인다.
2. 블루멜로 허브티를 5g을 넣은 후 저온으로 은은하게 10분 정도 끓인다.
3. 레몬즙, 유기농 설탕을 추가로 넣어 약불로 은은하게 10분 정도 더 끓인다.
4. 채반을 받쳐 건더기는 걸러낸다.
5. 밀폐 용기에 담아 완전히 식으면 냉장 보관한다.
6. 3일간 숙성한 뒤 음료 베이스로 사용한다.
7. 3개월간 냉장 보관이 가능하다.

방울토마토청

방울토마토는 일반토마토보다 크기는 작지만 당도와 영양이 더 풍부해서 다양한 식재료로 활용된다. 항산화 효과가 있어 세포의 노화를 막고 피부미용에도 효과적이다. 열량이 낮아 다이어트에도 좋다. 일반 토마토보다 관리가 쉽고 오래 보관할 수 있다. 청량한 탄산과 함께 바질의 풍미와 토마토의 맛을 느낄 수 있는 음료로 만들어 즐겨보자.

Recipe

방울토마토 300g, 레몬즙 30g, 유기농 설탕 260g, 바질 20g

1 방울토마토와 바질을 깨끗하게 세척한 뒤 물기를 제거한다.
2 꼭지를 떼어내고 십자 모양으로 칼집을 낸다.
3 뜨거운 물에 30초간 굴려주고 찬물에 헹궈준다.
4 물기를 제거하고 껍질을 벗긴다.
5 레몬즙, 유기농 설탕을 넣어 주걱으로 살살 잘 섞는다.
6 설탕이 완전히 녹으면 바질을 넣고 소독한 밀폐용기에 담아 냉장 보관한다.
7 일주일간 숙성한 뒤 음료 베이스로 사용한다.
8 2개월간 냉장 보관이 가능하다.

토마토 바질 에이드

Tomato Basil Ade

토마토 바질청 5T, 탄산수 150ml, 얼음, 바질, 토마토

1 토마토 바질청을 용량만큼 넣는다.
2 얼음을 컵의 절반 이상 채우고 탄산수 150ml를 붓는다.
3 토마토와 바질로 장식해서 마무리한다.

여름
Summer

방울토마토는
일반 토마토보다 관리가 쉽고
오래 보관할 수 있다

블루베리 레몬청

블루베리는 안토시아닌, 항산화질, 식이섬유 등이 함유되어 눈 건강에도 좋고 젊음을 유지하게 만든다고 한다. 세계 10대 슈퍼푸드이기도 하다. 이 블루베리와 레몬이 만나면 비타민과 영양소가 최강이 된다. 탄산수와 섞어 에이드로 즐길 수 있고, 스파클링 와인을 활용하면 블루베리 논알코올 칵테일이 된다. 우유와 섞어 마셔도 별미이다.

Recipe

블루베리 220g, 레몬 슬라이스 80g, 레몬즙 30g, 유기농 설탕 260g

1 블루베리는 깨끗하게 세척한 뒤 물기를 제거한다.
2 레몬의 양옆 꼭지를 제거하고 세워서 반을 잘라 가로로 반달 슬라이스 한다.
3 레몬의 씨는 쓴맛을 유발하니 모두 제거한다.
4 레몬즙, 유기농 설탕을 넣어 주걱으로 살살 잘 섞는다.
5 설탕이 완전히 녹으면 소독한 밀폐 용기에 담아 냉장 보관한다.
6 일주일간 숙성한 뒤 음료 베이스로 사용한다.
7 2개월간 냉장 보관이 가능하다.

Mango Red Dragon Fruit Smoothie

망고 용과 스무디

과즙이 풍부하고 시원한 레드용과, 파인애플, 망고가 어우러진 맛있는 스무디는 한 모금만 마셔도 열대 지방을 떠올리게 만든다. 용과는 선인장 열매로, 가지에 열매가 열린 모습이 용이 여의주를 물고 있는 모습 같다고 하여 그 이름이 붙었다. 사과나 배보다 칼륨 함량이 높고, 미네랄 성분과 항산화 물질도 풍부하다. 당도도 사과, 복숭아, 밀감보다 더 높다고 한다.

Recipe

옐로우 : 망고 2컵, 오렌지 1컵, 파인애플 1컵, 코코넛 워터 1컵
레드 : 레드용과 1컵, 망고 1/2컵, 코코넛 워터 1/2컵

1 망고를 깨끗하게 세척한 뒤 물기를 제거한다.
2 망고는 세로로 씨를 피해 잘라낸 뒤 가로세로 여러 번 격자로 칼집을 내고 뒤로 젖혀 과육을 껍질에서 분리한다. 오렌지는 양쪽 끝부분을 잘라내 세워서 겉껍질과 속껍질을 함께 위아래로 제거하고 한입 크기로 자른다.
3 파인애플도 꼭지와 밑동을 제거하고 위아래로 껍질과 심지를 제거한 뒤 한입 크기로 자른다.
4 코코넛 워터 1컵을 함께 넣어 곱게 부드러워질 때까지 갈아준다. 별도로 레드용과, 망고, 코코넛 워터 반 컵을 넣고 부드럽게 갈아준다.
5 코코넛 워터로 농도를 조절한다. 단맛을 더 원하면 꿀 또는 아가베 시럽을 추가한다.
6 유리컵에 옐로우 망고를 담아주고 위에 천천히 레드스무디를 붓는다.
7 남은 스무디는 밀폐 용기에 담아 냉장 보관하며 2일 이내 섭취한다.
8 농도를 조절해 스무디볼로 즐겨도 좋다. 냉동 망고를 사용하면 더욱 시원하게 즐길 수 있다.

*Summer Raspberry Rosemary
Simple Cordial*

산딸기 로즈메리 코디얼

로즈메리는 '바다의 이슬'이라는 뜻으로 독특한 향기를 내며, 신선한 자연의 향이 뇌의 기능을 활성화해 향신료로 많이 사용한다. 피부를 부드럽게 진정하는 효과가 있어 화장품 원료로 자주 쓰인다. 항균, 살균, 보습 작용이 뛰어나다. 산딸기의 섬세한 맛과 향기로운 로즈메리의 풍미를 코디얼로 만들어 즐겨보자.

Recipe

산딸기 150g, 물 200g, 레몬즙 20g, 로즈메리 3~4줄기, 유기농 설탕 200g

1 산딸기는 머들러로 살짝 으깬다.
2 로즈메리는 잘게 칼로 썰어서 넣는다.
3 레몬즙, 물, 유기농 설탕을 넣어 약불에서 15분 정도 끓인다.
4 불에서 내려 1~2시간 실온에 놓아둔다.
5 채반을 받쳐 건더기는 걸러낸다.
6 밀폐 용기에 담아 완전히 식으면 냉장 보관한다.
7 3일간 숙성한 뒤 음료 베이스로 사용한다.
8 3개월간 냉장 보관이 가능하다.

산딸기 로즈메리 스파클링 에이드

Summer Raspberry Rosemary Sparkling Ade

산딸기 로즈메리 코디얼 5T, 탄산수 200ml, 얼음, 허브

1 유리컵에 산딸기 로즈메리 코디얼을 용량만큼 넣는다.
2 얼음을 컵의 절반 이상 채우고 탄산수 200ml를 붓는다.
3 과일, 허브로 장식해서 마무리한다.

여름
Summer

로즈메리는
'바다의 이슬'이라는 뜻으로
독특한 향기를 내며
진정 효과가 뛰어나다

자두청

새콤달콤한 자두는 비타민C가 풍부해서 감기 예방에 좋다. 식이섬유와 펙틴이 풍부해 다이어트에도 효과적이다. 껍질에 윤기가 나며 단단한 자두가 좋다. 풍부하고 복합적인 풍미가 나며 시원하고 달콤한 즙이 일품인 과일이다. 자두 에이드, 자두 아이스티로 다양하게 활용할 수 있다.

Recipe

자두 300g, 레몬즙 30g, 유기농 설탕 260g

1 자두는 깨끗하게 세척한 뒤 물기를 제거한다.
2 씨를 피해 양옆의 과육을 잘라낸다.
3 껍질째 세로로 슬라이스 하거나 큐브 모양으로 썬다.
4 레몬즙, 유기농 설탕을 넣어 주걱으로 살살 잘 섞는다.
5 설탕이 완전히 녹으면 소독한 밀폐 용기에 담아 냉장 보관한다.
6 일주일간 숙성한 뒤 음료 베이스로 사용한다.
7 2개월간 냉장 보관이 가능하다.

자두 아이스티   Plum Ice Tea

자두청 4T, 따뜻한 물 100ml, 얼그레이 홍차 티백 1개, 자두, 로즈메리

1 따뜻한 물 100ml에 얼그레이 홍차 티백을 3분간 우려낸다.
2 유리컵에 자두청을 용량만큼 넣는다.
3 얼음을 컵의 절반 이상 채운다.
4 우려낸 얼그레이 홍차를 유리컵에 붓는다.
5 자두를 슬라이스 해 로즈메리로 장식해서 마무리한다.

여름
Summer

Plum Simple Cordial

자두 코디얼

여름에 간편하게 먹을 수 있는 자두! 자두 코디얼과 허브를 조합해 다양한 음료를 만들 수 있다. 청량감 가득하고 효소와 자연 탄산으로 만드는 콤부에이드로 청량감 가득한 맛을 즐기고, '백리향'으로도 불리는 독특한 풍미를 지닌 타임과 자두 맛이 어우러진 음료를 즐겨보자.

Recipe

자두 200g, 물 200g, 레몬즙 20g, 유기농 설탕 200g

1 자두는 깨끗하게 세척한 뒤 물기를 제거한다.
2 자두 가운데 씨를 중심으로 한 바퀴 돌려 칼집을 낸다.
3 칼집이 난 자두를 비틀어서 분리하고 씨를 제거한 뒤 껍질째 슬라이스한다.
4 설탕에 절여 1시간 정도 실온에 놓아둔다.
5 레몬즙을 넣어 약불에서 15분 정도 끓인다.
6 채반을 받쳐 건더기는 걸러낸다. 걸러낸 과육은 잼으로 활용해도 좋다.
7 밀폐 용기에 담아 완전히 식으면 냉장 보관한다.
8 3일 숙성한 뒤 음료 베이스로 사용한다.
9 3개월간 냉장 보관이 가능하다.

자두 타임 코디얼 에이드   *Plum Time Cordial Ade*

자두 코디얼 5T, 물 200ml, 자두, 얼음, 타임

1 타임 잎 한두 줄기를 컵에 넣고 풍미가 올라오게 살짝 으깬다.
2 유리컵에 자두 코디얼을 용량만큼 넣는다.
3 얼음을 컵의 절반 이상 채우고 물 200ml를 붓는다.
4 자두와 타임으로 장식해서 마무리한다.

여름
Summer

자두 콤부차 에이드   Plum Kombucha Ade

자두 코디얼 3T, 콤부차 200ml, 얼음, 데코용 과일 & 허브

1   유리컵에 자두 코디얼을 용량만큼 넣는다.
2   얼음을 컵의 절반 이상 채우고 콤부차 200ml를 붓는다.
3   과일, 허브로 장식해서 마무리해 즐겨도 좋다.

Peach

복숭아 청

살이 연하고 수분, 단맛, 향기가 풍부해 인기가 높은 과일인 복숭아는 피부 미용에도 좋기로 유명하다. 신선하고 달콤한 과즙이 풍부한 복숭아는 더운 여름날 갈증 해소에 제격이다. 알이 크고 고르며 상처가 없을수록 좋은 복숭아이며 중국이 원산지이다. 여름에 빠질 수 없는 과일인 복숭아 청을 만들어 즐겨보자.

Recipe

복숭아 300g, 레몬즙 30g, 유기농 설탕 260g

1 복숭아는 깨끗하게 세척한 뒤 물기를 제거한다.
2 복숭아 껍질을 살살 벗겨낸다.
3 씨를 중심으로 과육을 양옆으로 잘라낸다.
4 큐브 모양으로 일정하게 썬다.
5 레몬즙, 유기농 설탕을 넣어 주걱으로 살살 잘 섞는다.
6 설탕이 완전히 녹으면 소독한 밀폐 용기에 담아 냉장 보관한다.
7 일주일간 숙성한 뒤 음료 베이스로 사용한다.
8 2개월간 냉장 보관이 가능하다.

복숭아 에이드

Peach Ade

복숭아청 5T, 탄산수 200ml, 얼음, 복숭아 슬라이스, 허브, 식용꽃

1 유리컵에 복숭아청을 용량만큼 넣는다.
2 얼음을 컵의 절반 이상 채우고 탄산수 200ml를 붓는다.
3 복숭아 슬라이스, 허브, 식용꽃으로 장식해서 마무리한다.

여름
Summer

신선하고 달콤한 과즙이 풍부한 복숭아는
더운 여름날 갈증 해소에 제격이다

Summer Ruby Grapefruit

여름루비 자몽청

특유의 쌉싸름하고도 상큼한 맛으로 여름에도 사랑받는 자몽은 반 개만 먹어도 비타민C 하루 권장량을 충족할 수 있다고 한다. 펙틴도 풍부해 체내 콜레스테롤을 낮추는 데도 효과적이다. 단맛에 약한 사람의 입맛을 적절히 돋궈주는 과일이다. 청으로 만들면 특유의 쓴맛도 줄어들고 다양한 음료로 활용할 수 있다.

Recipe

자몽 과육 300g, 레몬즙 30g, 유기농 설탕 260g

1 자몽은 깨끗하게 세척한 뒤 물기를 제거한다.
2 자몽의 양옆 꼭지를 제거하고 세워서 칼로 겉껍질과 속껍질 흰 부분을 제거한다.
3 속살 껍질 사이에 칼집을 내서 과육만 빼낸다.
4 유기농 설탕, 레몬즙을 넣어 주걱으로 살살 잘 섞는다.
5 설탕이 완전히 녹으면 밀폐 용기에 담아 냉장 보관한다.
6 일주일간 숙성한 뒤 음료 베이스로 사용한다.
7 2개월간 냉장 보관이 가능하다.

참외청

대표적인 여름 과일인 참외는 고온에서 더 잘 자라기 때문에 본격적인 여름으로 접어들 때 심어야 한다. 역사가 오래된 과일 중 하나이다. 수박과 마찬가지로 수분과 칼륨 함량이 높아 이뇨 작용을 활발하게 한다. 아삭한 과육과 달콤한 과즙을 즐길 수 있는 과일이다.

Recipe

참외 300g, 레몬즙 30g, 유기농 설탕 260g

1 참외는 깨끗하게 세척한 뒤 물기를 제거한다.
2 껍질은 위아래로 벗겨낸다.
3 4등분한 뒤 속씨를 수저로 긁어낸다.
4 가로로 얇게 슬라이스 하거나 큐브 모양으로 썬다.
5 레몬즙, 유기농 설탕을 넣어 주걱으로 살살 잘 섞는다.
6 설탕이 완전히 녹으면 소독한 밀폐 용기에 담아 냉장 보관한다.
7 일주일간 숙성한 뒤 음료 베이스로 사용한다.
8 2개월간 냉장 보관이 가능하다.

참외 에이드

Oriental Melon Ade

참외청 5T, 탄산수 200ml, 얼음, 참외 슬라이스, 허브

1 유리컵에 참외청을 용량만큼 넣는다.
2 얼음을 컵의 절반 이상 채우고 탄산수 200ml를 붓는다.
3 참외 슬라이스와 허브로 장식해서 마무리한다.

여름
Summer

참외 스무디

Oriental Melon Smoothie

참외청 5T, 참외 2개, 코코넛 워터 1컵, 허브

1 참외는 깨끗하게 세척한 뒤 물기를 제거한다.
2 껍질은 위아래로 벗겨낸다.
3 4등분한 뒤 속씨를 수저로 긁어낸다.
4 한입 크기로 잘라 블렌더에 넣는다.
5 참외청, 코코넛 워터를 넣어 부드러워질 때까지 갈아준다.
6 유리컵에 담아 참외 슬라이스, 허브를 장식해서 마무리한다.

Lime lemon

라임 레몬청

라임은 논알코올 모히토, 칵테일, 여름철 더위로 지친 몸에 활력을 주는 음료로 다양하게 활용할 수 있다. 칼로리가 낮아 다이어트에 효과적이며, 비타민C가 매우 풍부하다. 집에서 손쉽게 칵테일, 에이드 등으로 상쾌하게 활용 가능하다. 상큼하게 여름과 잘 어울리는 논알코올 모히토로도 잘 어울린다. 라임만의 강렬하고 독특한 맛과 풍미로 달콤하며 청량감 있는 음료를 즐겨보자.

Recipe

라임 슬라이스 200g, 레몬 슬라이스 80g, 레몬즙 20g, 유기농 설탕 300g

1 라임, 레몬은 깨끗하게 세척한 뒤 물기를 제거한다.
2 라임, 레몬의 양옆 꼭지를 제거하고 세워서 반을 잘라 가로로 반달 슬라이스 한다.
3 레몬의 씨는 쓴맛을 유발하니 모두 제거한다.
4 레몬즙, 유기농 설탕을 넣어 주걱으로 살살 잘 섞는다.
5 설탕이 완전히 녹으면 소독한 밀폐 용기에 담아 냉장 보관한다.
6 일주일간 숙성한 뒤 음료 베이스로 사용한다.
7 2개월간 냉장 보관이 가능하다.

라임 민트 에이드   Lime Mint Ade

라임 레몬청 5T, 탄산수 200ml, 얼음, 라임, 애플민트

1 유리컵에 애플민트 잎을 넣어 맛과 향이 올라오게 머들러로 살짝 으깬다.
2 유리컵에 라임 레몬청을 용량만큼 넣는다.
3 얼음을 컵의 절반 이상 채우고 벽면에 라임 슬라이스와 애플민트를 넣는다.
4 탄산수 200ml를 붓는다.
5 과일 슬라이스에 칼집을 내어 컵에 꽂고 애플민트로 장식해서 마무리한다.

여름
Summer

라임 오이 칵테일

Lime Cucumber Cocktail

라임 레몬청 4T, 토닉워터 150ml, 얼음, 럼 1T, 오이 반 개, 라임, 허브, 식용꽃

1 유리컵에 잘게 자른 오이와 라임을 넣어 맛과 향이 올라오게 머들러로 살짝 으깬다.
2 라임 레몬청을 용량만큼 넣는다.
3 얼음을 컵의 절반 이상 채우고 벽면에 오이 슬라이스와 식용꽃을 넣는다.
4 토닉워터 150ml를 붓고 럼 1T를 추가해 즐긴다.
5 오이를 얇게 슬라이스 해 동그랗게 말아 허브로 장식해서 마무리한다.

베리 스무디

베리는 수분이 많고, 연한 조직으로 되어 있는 딸기류 열매들을 뜻한다. 블랙베리, 크랜베리, 체리, 라즈베리, 블랙커런트 등 베리류 과일은 영양소는 높고 상대적으로 당은 낮아 건강과 다이어트에 더 효과적이다. 항산화 효과도 높아 피부미용과 노화 방지에 좋고 세계적인 슈퍼 푸드에 속한다. 영양이 풍부하고 건강에 좋은 베리류로 스무디를 만들어 즐겨보자.

Recipe

딸기 1컵, 블루베리 1컵, 라즈베리 1/4컵, 블랙베리 1/4컵, 바나나 1개, 파인애플 1컵, 요거트 1컵, 코코넛 워터 1컵, 아가베 시럽

1 딸기는 깨끗하게 세척한 뒤 꼭지를 따고 물기를 제거한다.
2 블루베리도 세척한 뒤 물기를 제거한다.
3 바나나는 껍질을 벗기고 한입 크기로 자른다.
4 분량의 재료를 모두 함께 넣어 곱게 부드러워질 때까지 갈아준다.
5 코코넛 워터로 농도를 조절한다.
6 단맛을 더 원하면 꿀 또는 아가베 시럽을 추가한다.
7 유리컵에 얼음을 담아 스무디를 부어 시원하게 즐긴다.
8 남은 스무디는 밀폐 용기에 담아 냉장 보관하며 2일 이내 섭취한다.

Aronia Blackberry

아로니아청

아로니아 날것은 시큼하고 특유의 떫은맛이 강해 청으로 서서히 숙성시켜 먹어야 좋다. 음료, 스무디, 요거트 등에 다양하게 활용할 수 있다. 아로니아는 베리류 열매 중에서도 안토시아닌 함량이 가장 높다. 중세유럽에서는 만병통치약으로 왕족 사이에 인기가 높았다고 전해진다. 열을 가하면 영양소가 파괴되므로 되도록 생과일 형태로 섭취하는 것이 좋다.

Recipe

아로니아 300g, 레몬즙 30g, 유기농 설탕 300g

1 아로니아 깨끗하게 세척한 뒤 물기를 제거한다.
2 꼭지는 모두 떼낸다.
3 레몬즙, 유기농 설탕을 넣어 으깨거나 블렌더에 적당히 갈아준다.
4 주걱으로 살살 잘 섞는다.
5 설탕이 완전히 녹으면 소독한 밀폐 용기에 담아 냉장 보관한다.
6 1개월간 숙성한 뒤 건더기를 거르거나 함께 음료 베이스로 사용한다.
7 3개월간 냉장 보관이 가능하다.

그린멜로즈의
사계절
그린 레시피

아로니아 에이드   Aronia Ade

아로니아청 5T, 탄산수 200ml, 얼음, 냉동 베리, 건조 허브

1 유리컵에 아로니아청을 용량만큼 넣는다.
2 얼음을 컵의 절반 이상 채우고 탄산수 200ml를 붓는다.
3 냉동 베리와 건조 허브로 장식해서 마무리한다.

여름
Summer

아로니아는
베리류 열매 중에서도
안토시아닌 함량이 가장 높다

수박 칵테일

수박은 상큼 달달하고 시원한 과즙이 풍부해 이뇨 작용을 활발히 한다. 부종을 방지하고 다이어트에도 효과적이다. 껍질 색이 선명하고 선이 확실한 것, 자른 단면의 색이 곱고 씨가 검은 수박이 좋다. 수박은 여름 하면 떠오르면 청량하고 맛있는 대표 과일이기도 하다. 수박을 닮은 초록색 민트와 섞어 시원하게 즐겨보자.

Recipe

수박 주스 150ml, 라임즙 1T, 럼 1T, 탄산수, 얼음, 애플민트, 오이, 라임

1 수박은 작게 잘라 씨를 제거하고 블렌더에 갈아 준비한다.
2 유리컵에 애플민트 잎을 넣어 맛과 향이 올라오게 머들러로 살짝 으깬다.
3 유리컵에 수박 주스, 라임즙을 용량만큼 넣는다.
4 얼음을 컵의 절반 이상 채우고 벽면에 라임 슬라이스와 허브를 넣는다.
5 탄산수 또는 토닉워터 150ml를 붓는다.
6 기호에 따라 럼 1T를 추가해도 좋다.
7 컵 안쪽 측면에 오이를 슬라이스 해 넣는다.
8 라임과 허브로 장식해서 마무리한다
9 칵테일 픽을 활용해 오이를 얇게 슬라이스 한 뒤 꽂아서 올려도 좋다.

Rose Simple Cordial

로즈 코디얼

여름이 되면 골목 여기저기 담장에서 아름답고 향긋한 장미 넝쿨을 만날 수 있다. 장미는 햇볕을 사랑하는 대표적인 꽃이기도 하다. 은은한 장미의 향기에 달콤함을 더해 마실 수 있는 로즈 코디얼로 여름 분위기를 만끽해보자. 장미는 특히 여성 건강에 좋은데, 비타민C가 많아 노화방지 및 피로회복에도 효과적이다.

Recipe

로즈 허브티 5g, 물 250g, 레몬즙 30g, 유기농 설탕 200g

1 물을 냄비에 끓인다.
2 로즈 허브티 5g을 넣은 후 약불로 은은하게 10분 정도 끓인다.
3 레몬즙, 유기농 설탕을 추가로 넣어 약불로 은은하게 10분 정도 더 끓인다.
4 채반을 받쳐 건더기는 걸러낸다.
5 밀폐 용기에 담아 완전히 식으면 냉장 보관한다.
6 3일간 숙성한 뒤 음료 베이스로 사용한다.
7 3개월간 냉장 보관이 가능하다.

그린멜로즈의
사계절
그린 레시피

로즈 에이드 Rose Ade

로즈 코디얼 5T, 물 200ml, 얼음, 건조 장미, 타임

1 유리컵에 로즈 코디얼을 용량만큼 넣는다.
2 얼음을 컵의 절반 이상 채우고 물 150ml를 붓는다.
3 건조 장미, 타임으로 장식해서 마무리한다.
4 기호에 맞게 탄산수와 즐겨도 좋다.

여름
Summer

로즈 밀크티

Rose Milk Tea

로즈 코디얼 5T, 우유 200ml, 얼음, 과일, 허브

1 유리컵에 로즈 코디얼을 용량만큼 넣는다.
2 얼음을 컵의 절반 이상 채우고 우유 200ml를 붓는다.
3 과일, 허브를 적절히 넣어 마무리한다.

여름 믹스청

망고, 청포도, 키위, 용과, 파인애플 등 대표적인 여름 과일에 레몬을 섞어 청으로 만들어두면, 다양한 음료로 활용해 즐기며 더위를 물리칠 수 있다. 여름 믹스청은 비타민이 풍부하여 피로회복에 도움을 주고, 다양한 효소 성분으로 소화를 도와 여름철 건강 유지에 효과적이다. 달콤하고 조화로운 맛이 가라앉은 기분까지 상쾌하고 시원하게 만들어줄 것이다.

Recipe

망고 80g, 청포도 60g, 키위 70g, 용과 40g, 파인애플 50g, 레몬즙 30g, 유기농 설탕 260g

1 과일은 깨끗하게 세척한 뒤 물기를 제거한다.
2 과일별로 손질해 일정하게 슬라이스 해준다.
3 레몬즙, 유기농 설탕을 넣어 주걱으로 살살 잘 섞는다.
4 설탕이 완전히 녹으면 소독한 밀폐 용기에 담아 냉장 보관한다.
5 일주일간 숙성한 뒤 음료 베이스로 사용한다.
6 2개월간 냉장 보관이 가능하다.

여름 믹스청 에이드

Summer Tropical Mixed Ade

믹스청 5T, 탄산수 200ml, 얼음, 용과, 냉동 베리, 허브

1 유리컵에 믹스청을 용량만큼 넣는다.
2 얼음을 컵의 절반 이상 채우고 탄산수 200ml를 붓는다.
3 용과 슬라이스, 냉동 베리, 허브로 장식해서 마무리한다.

여름
Summer

여름 과일들은
달콤하고 조화로운 맛으로
기분을 상쾌하게 만든다

오디청

뽕나무 열매인 오디는 달콤하고 새콤한 맛에 비타민C가 풍부하고 항산화 성분이 높다. 블랙푸드의 대명사로 급부상하고 있는 과일 중 하나이다. 안토시아닌이 풍부해 제철인 여름에 라임, 럼을 곁들여 여름 칵테일로 즐길 수 있다. 오디청을 만든 뒤 오디 레몬 민트 에이드로 활용해보자.

Recipe

오디 300g, 레몬즙 30g, 유기농 설탕 300g,
오디청 5T, 레몬즙 1T, 애플민트, 탄산수 150ml, 얼음, 레몬, 라임

1 오디는 깨끗하게 세척한 뒤 물기를 제거하고 꼭지를 모두 떼낸다.
2 레몬즙, 유기농 설탕을 넣어 주걱으로 살살 잘 섞는다.
3 설탕이 완전히 녹으면 소독한 밀폐 용기에 담아 냉장 보관한다.
4 한 달간 숙성한 뒤 음료 베이스로 사용한다. 3개월간 냉장 보관이 가능하다.
5 유리컵에 애플민트 잎을 넣어 맛과 향이 올라오게 머들러로 살짝 으깬다.
6 유리컵에 오디청을 용량만큼 넣는다.
7 얼음을 컵의 절반 이상 채우고 안쪽 측면에 과일 슬라이스와 허브를 넣는다.
8 레몬즙, 탄산수 150ml를 붓는다.
9 레몬, 라임 슬라이스, 애플민트로 장식해서 마무리한다.

가을
Fall

Green Tangerine Simple Cordial / Green Tangerine Ade / Green Tangerine Tea / Pomegranate Herb Tea Ade / Pomegranate Tea / Fig Milk Tea / Pansy Lemon Ade / Golden Apple Jasmin Tea / Green Spinach Smoothies / Beet Berry Energy Smoothies / Apple Cinnamon Ade / Apple Cinnamon Black Tea / Quince Lemon Balm Herb Ade / Quince Lemon Grass Tea / Schizandra Lime Ade / Apple Carrot Orange Ginger Smoothies / Raspberry Lavender Simple Cordial / Sparkling Raspberry Lavender Ade / Pumpkin Vanilla Cinnamon Smoothies

청귤 코디얼

1년에 한 달 정도 제주도에서만 수확되는 청귤은 2월까지는 녹색이다가 3월, 4월부터 노란색으로 착색된다. 레몬보다 비타민C가 더 풍부한, 말 그대로 천연 비타민이다. 폴리페놀, 구연산, 펙틴 함량이 완숙 귤보다 월등히 높아서 피로회복, 심혈관 건강에도 좋은 귀한 과일이다. 에이드와 차로 다양하게 활용해 즐길 수 있다.

Recipe

청귤즙 250g, 청귤 제스트 2개, 유기농 설탕 250g

1 청귤은 깨끗하게 세척한 뒤 물기를 제거한다.
2 청귤의 양옆 꼭지를 제거하고 껍질을 벗겨서 착즙한다.
3 풍미를 위해 제스트를 넣는다.
4 유기농 설탕, 레몬즙을 넣어 약불에서 20분간 끓인다.
5 한 김 식혀서 밀폐 용기에 담아 완전 식으면 냉장 보관한다.
6 일주일간 숙성한 뒤 음료 베이스로 사용한다.
7 3개월간 냉장 보관이 가능하다.

Green Tangerine

청귤청

비타민과 각종 영양소가 풍부한 청귤은 자주 만날 수 없는 귀한 과일이기 때문에 청으로 만들어두고 먹으면 더 효과적이다. 청귤은 신맛이 강하고 비타민C가 레몬 대비 10배가량 많아 면역력 강화, 피부 미용, 감기 예방에 탁월한 효과를 보인다. 청귤의 독특한 색감은 시각적으로도 시원하고 청량한 느낌을 준다.

Recipe

청귤 슬라이스 280g, 청귤즙 30g, 유기농 설탕 280g

1 청귤은 깨끗하게 세척한 뒤 물기를 제거한다.
2 청귤의 양옆 꼭지를 제거하고 원형 또는 반달 모양으로 슬라이스 한다.
3 유기농 설탕, 청귤즙을 넣어 주걱으로 살살 잘 섞는다.
4 설탕이 완전히 녹으면 밀폐 용기에 담아 냉장 보관한다.
5 일주일간 숙성한 뒤 음료 베이스로 사용한다.
6 3개월간 냉장 보관이 가능하다.

청귤청 에이드   Green Tangerine Ade

청귤청 5T, 탄산수 200ml, 얼음, 청귤, 로즈메리

1 유리컵에 청귤청을 용량만큼 넣는다.
2 얼음을 컵의 절반 이상 채우고 탄산수 200ml를 붓는다.
3 컵 안쪽 옆면에 청귤 슬라이스를 넣는다.
4 청귤 슬라이스와 로즈메리를 올려 장식해서 마무리한다.

가을
Fall

청귤 티

Green Tangerine Tea

청귤청 3T, 따뜻한 물 150ml, 청귤, 허브

1 찻잔에 청귤청을 용량만큼 넣는다.
2 따뜻한 물 150ml를 붓는다.
3 청귤 슬라이스, 허브로 장식해서 마무리한다.

Pomegranate

석류청

여름은 보석같이 빛나는 석류의 계절이다. 석류는 특히 여성에게 좋은 성분이 풍부하게 함유되어 있다. 천연 호르몬이 풍부해 호르몬의 균형을 찾아주고 미용에 좋다고 알려진 과일이다. 상큼함을 더해주는 히비스커스, 달콤한 캐모마일 허브티와 함께 즐기면 더욱 풍성한 맛으로 즐길 수 있다.

Recipe

석류 300g, 레몬즙 30g, 유기농 설탕 260g

1 석류를 깨끗하게 세척한 뒤 물기를 제거한다.
2 칼집을 내 과육을 잘라 알맹이를 꺼내준다.
3 유기농 설탕, 레몬즙을 넣어 주걱으로 살살 잘 섞는다.
4 설탕이 완전히 녹으면 소독한 밀폐 용기에 담아 냉장 보관한다.
5 일주일간 숙성한 뒤 음료 베이스로 사용한다.
6 2개월간 냉장 보관이 가능하다.

그린멜로즈의
사계절
그린 레시피

석류 허브티 에이드

Pomegranate Herb Tea Ade

석류청 4T, 따뜻한 물 100ml, 캐모마일 1g, 히비스커스 2g, 얼음, 라임, 허브(허브티백을 사용해도 좋다)

1 따뜻한 물 100ml에 캐모마일, 히비스커스를 5분간 우려낸다
2 유리컵에 석류청을 용량만큼 넣는다.
3 얼음을 컵의 절반 이상 채운다.
4 우려낸 허브티를 유리컵에 붓는다.
5 레몬 슬라이스, 허브로 장식해서 마무리한다.

가을
Fall

석류차

Pomegranate Tea

석류청 3T, 따뜻한 물 150ml

1 찻잔에 석류청을 용량만큼 넣는다.
2 따뜻한 물 150ml를 붓는다.
3 과일, 허브로 장식해서 마무리한다.
4 내열 찻주전자에 충분히 넣은 뒤 워머에 올려 따뜻하게 즐겨도 좋다.

무화과청

클레오파트라가 즐겨 먹었다는 여왕의 과일 무화과. 무화과 시즌은 매우 짧아 부지런히 즐겨야 한다. 다른 과일에서 느낄 수 없는 독특한 맛과 식감으로, 생으로 먹거나 우유와도 잘 어울려 음료 베이스를 만들어 자주 즐긴다. 천연 당과 미네랄, 섬유질이 풍부하고 단백질 분해 효소가 풍부해 소화를 돕는다. 에이드나 밀크티로 다양하게 즐겨보자.

Recipe

무화과 300g, 레몬즙 30g, 유기농 설탕 260g

1 무화과는 과육이 연약해 살살 깨끗하게 세척한 뒤 물기를 제거한다.
2 세로로 6등분, 가로로 한 번 더 잘라 먹기 좋게 자른다.
3 유기농 설탕, 레몬즙을 넣어 주걱으로 살살 잘 섞는다.
4 설탕이 완전히 녹으면 소독한 밀폐 용기에 담아 냉장 보관한다.
5 일주일간 숙성한 뒤 음료 베이스로 사용한다.
6 2개월간 냉장 보관이 가능하다.

무화과 밀크티   Fig Milk Tea

무화과청 5T, 우유 200ml, 얼음, 무화과, 허브

1   유리컵에 무화과청을 용량만큼 넣는다.
2   얼음을 반만 채우고 우유 200ml를 붓는다.
3   무화과를 슬라이스 해 허브로 장식해서 마무리한다.

가을
Fall

무화과는
클레오파트라가 즐겨 먹은,
여왕의 과일이다

Pansy Lemon

팬지 레몬청

팬지는 건조해둔 뒤 꽃차로 마시거나 청으로 즐기기 좋다. 보라색 팬지는 눈을 맑게 해주며 안토시아닌 성분은 혈액 순환 면역력 증가에 도움이 된다. 삼색제비꽃이라고도 하는 팬지는 아름다운 보랏빛 색감은 눈을 즐겁게 만든다. 상큼한 팬지 레몬에이드로, 따뜻한 차로 다양하게 즐겨보자.

Recipe

레몬 슬라이스 290g, 레몬즙 30g, 유기농 설탕 260g, 건조 보라색 팬지 꽃 3g

1 레몬은 깨끗하게 세척한 뒤 물기를 제거한다.
2 레몬의 양옆 꼭지를 제거하고 세워서 반을 잘라 반달로 슬라이스 한다.
3 유기농 설탕, 레몬즙을 넣어 주걱으로 살살 잘 섞는다.
4 설탕이 완전히 녹으면 밀폐 용기에 담아 팬지 꽃을 넣는다.
5 일주일간 숙성한 뒤 음료 베이스로 사용한다.
6 2개월간 냉장 보관이 가능하다.

팬지 레모네이드   Pansy Lemon Ade

팬지 레몬청 5T, 탄산수 200ml, 얼음, 레몬, 허브

1 유리컵에 팬지 레몬청을 용량만큼 넣는다.
2 얼음을 컵의 절반 이상 채우고 탄산수 200ml를 붓는다.
3 레몬 슬라이스, 허브로 장식해서 마무리한다.

가을
Fall

팬지는 우리말로
삼색제비꽃이라고 한다

황금사과청

사과는 전세계에서 가장 많이 재배되는 과일이다. 간편하게 먹을 수 있고 단맛과 영양소가 풍부해 참 고마운 과일이기도 하다. 황금사과를 청으로 만든 뒤 활용해 더 풍부하고 아름답게 즐겨보자. 시원한 아이스티로, 따뜻한 차로도 다양하게 활용 가능하다.

Recipe

사과 300g, 레몬즙 30g, 유기농 설탕 260g

1 사과는 깨끗하게 세척한 뒤 물기를 제거한다.
2 껍질째 4등분 하고 씨를 제거한다.
3 사과는 가로로 얇게 슬라이스 해준다.
4 유기농 설탕, 레몬즙을 넣어 주걱으로 살살 잘 섞는다.
5 설탕이 완전히 녹으면 병에 소독한 밀폐 용기에 담는다.
6 일주일간 숙성한 뒤 음료 베이스로 사용한다.
7 2개월간 냉장 보관이 가능하다.

황금사과 재스민 티   Golden Apple Jasmin Tea

황금사과청 3T, 따뜻한 물 150ml, 재스민 티백 1개, 사과, 허브

1 찻잔에 황금사과청을 용량만큼 넣는다.
2 찻잔에 재스민 티백을 넣는다.
3 따뜻한 물 150ml를 붓고 재스민 티백을 3분 뒤 꺼낸다.
4 사과 슬라이스, 허브로 장식해서 마무리한다.

가을
Fall

전세계에서
가장 많이 재배하는
사과는

◆

고마운 과일이다

솜사탕포도청

봄, 가을에 만날 수 있는 솜사탕포도는 이름처럼 달콤하고 솜사탕을 먹는 느낌이다. 바닐라향도 섞여 있어 더욱 솜사탕 맛을 연상시킨다. 비타민과 유기산이 풍부해, 포도를 과일의 여왕이라고도 한다. 수입 과일이지만 제철에 만날 수 있는 특별한 포도인 솜사탕포도를 활용해 달콤한 음료를 만들어보자.

Recipe

솜사탕포도 300g, 레몬즙 30g, 유기농 설탕 260g

1 포도는 알맹이만 분리해 깨끗하게 세척한 뒤 물기를 제거한다.
2 줄기 부분의 갈변된 부분은 잘라내고 세로로 4등분 자른다.
3 유기농 설탕, 레몬즙을 넣어 주걱으로 살살 잘 섞는다.
4 설탕이 완전히 녹으면 소독한 밀폐 용기에 담아 냉장 보관한다.
5 일주일간 숙성한 뒤 음료 베이스로 사용한다.
6 2개월간 냉장 보관이 가능하다.

트리플베리청

블루베리, 라즈베리, 블랙베리를 함께 '트리플베리'라고 한다. 베리류 과일은 열량은 낮으나 비타민이 매우 풍부하고 항산화 효과도 가장 높은 과일이다. 수명 연장을 좌우하는 슈퍼푸드에 속할 수밖에 없다. 맛있고 건강에 정말 좋은 베리류 과일을 한데 모아 청으로 만들어 다양하게 즐겨보자.

Recipe

냉동 트리플베리 300g, 레몬즙 30g, 유기농 설탕 260g

1 냉동 트리플베리는 실온에서 30분 정도 해동한다.
2 유기농 설탕, 레몬즙을 넣어 주걱으로 살살 잘 섞는다.
3 설탕이 완전히 녹으면 밀폐 용기에 담아 냉장 보관한다.
4 일주일간 숙성한 뒤 음료 베이스로 사용한다.
5 2개월간 냉장 보관이 가능하다.

감청

가을 한적한 시골에 가면 주렁주렁 잘 익은 감이 매달려 있다. 동아시아가 원산지인 단감은 달콤하고 아삭한 식감을 가지고 있다. 항암효과가 뛰어나고 비타민C가 많아 감기 예방에도 좋다. 가을색이 담긴 주황색 단감으로 특별한 단감 에이드, 단감 우유 등을 만들어 가을을 만끽해보자.

Recipe

단감 300g, 레몬즙 30g, 유기농 설탕 260g

1 단감은 깨끗하게 세척한 뒤 물기를 제거한다.
2 껍질은 벗겨주고 4등분한 뒤 심지와 씨를 제거한다.
3 가로로 얇게 슬라이스 하거나 큐브 모양으로 일정하게 썬다.
4 유기농 설탕, 레몬즙을 넣어 주걱으로 살살 잘 섞는다.
5 설탕이 완전히 녹으면 소독한 밀폐 용기에 담아 냉장 보관한다.
6 일주일간 숙성한 뒤 음료 베이스로 사용한다.
7 2개월간 냉장 보관이 가능하다.

Green Spinach Smoothies

시금치 그린 스무디

시금치는 디톡스, 즉 해독 기능이 뛰어난 채소이다. 매일 채소를 섭취하는 것이 어렵고 영양소 섭취를 늘리고 싶을 때는 편하고 간편하게 시금치를 먹을 수 있다. 균형 있는 과일과의 조합으로 시금치의 맛을 부드럽게 만끽할 수 있어, 시금치를 좋아하지 않아도 즐길 수 있다.
맛있고 건강한 그린 스무디로 몸을 정화하고 휴식을 취하며 가을을 준비해보자.

Recipe

시금치 한 줌, 레몬 반 개, 사과 1개, 바나나 1개, 코코넛 워터 1컵, 아가베 시럽

1 시금치는 깨끗하게 다듬어 갈리기 좋게 자른다.
2 사과는 껍질째 씨를 제거하고 한입 크기로 자른다.
3 레몬은 양옆 꼭지를 제거하고 세워서 껍질을 제거한다.
4 바나나는 껍질을 제거한 뒤 갈리기 좋은 크기로 썰어 블렌더에 넣는다.
5 코코넛 워터를 넣어 곱게 부드러워질 때까지 갈아준다.
6 코코넛 워터로 농도를 조절한다.
7 단맛을 원하면 꿀 또는 아가베 시럽을 추가한다.
8 밀폐 용기에 담아 냉장 보관하며 2일 이내 섭취한다.
9 치아씨드 1T, 물 1컵에 1~2시간 정도 불려 그린 스무디 사이에 블렌딩해 먹으면 치아씨드의 영양소 섭취는 물론 포만감이 커서 식사 대용으로 좋다.

Beet Berry Energy Smoothies

비트 스무디

'흙 속의 루비'라 불리는 비트는 은은한 자연의 맛과 따듯한 레드 색감으로 해독에 좋은 뿌리채소다. 항산화 성분이 가득해 몸의 균형을 회복시켜준다. 달콤한 딸기와 파인애플, 레몬을 더해 비타민C가 가득하고 활기찬 레드 스무디로 즐길 수 있다. 풍성한 자연의 에너지를 품고 있는 비트 스무디를 만들어보자.

Recipe

비트 1/2컵, 냉동 딸기 2컵, 파인애플 2컵, 레몬즙 1t, 코코넛 워터 1컵, 애플민트 6개, 아가베 시럽

1 비트는 세척한 뒤 껍질을 제거한다.
2 비트, 파인애플은 갈리기 좋은 크기로 잘라서 블렌더에 넣는다.
3 딸기, 레몬즙, 코코넛 워터를 추가로 넣어 부드러워질 때까지 블렌더에서 갈아준다.
4 민트를 함께 갈아 허브 풍미를 더해도 좋다.
5 코코넛 워터로 농도를 조절한다.
6 단맛을 원하면 꿀 또는 아가베 시럽을 추가한다.
7 밀폐 용기에 담아 냉장 보관하며 2일 이내 섭취한다.

애플 시나몬 청

가을의 따사로운 햇살과 신선한 바람이 부는 청명한 가을은 풍경이 노랗게 물들고 빨갛게 익어가는 사과의 계절이다. 사계절 내내 먹어도 맛있는 사과지만 제철인 계절에 더욱더 상큼하고 달콤하다. 후추, 정향과 함께 3대 향신료로 꼽히는 시나몬 특유의 독특하고 청량한 향을 더해 다양하게 즐겨보자.

Recipe

사과 280g, 레몬즙 30g, 유기농 설탕 260g, 시나몬 스틱 4개

1 사과는 깨끗하게 세척한 뒤 물기를 제거한다.
2 껍질째 4등분 하고 씨를 제거한다.
3 사과는 가로로 얇게 슬라이스 해준다.
4 유기농 설탕, 레몬즙을 넣어 주걱으로 살살 잘 섞는다.
5 설탕이 완전히 녹으면 소독한 밀폐 용기에 담는다.
6 시나몬 스틱을 추가로 넣는다.
7 일주일간 숙성한 뒤 음료 베이스로 사용한다.
8 2개월간 냉장 보관이 가능하다.

애플 시나몬 에이드   Apple Cinnamon Ade

애플 시나몬청 5T, 탄산수 200ml, 얼음, 사과, 로즈메리, 시나몬 스틱

1　유리컵에 애플 시나몬청을 용량만큼 넣는다.
2　얼음을 컵의 절반 이상 채우고 탄산수 200ml를 붓는다.
3　시나몬 스틱을 넣는다.
4　사과 슬라이스, 로즈메리로 장식해서 마무리한다.

애플 시나몬 블랙 티

Apple Cinnamon Black Tea

애플 시나몬청 3T, 따뜻한 물 150ml, 홍차 티백 1개, 사과, 허브

1 물 150ml에 홍차 티백을 3분간 우려낸다.
2 찻잔에 애플 시나몬청을 용량만큼 넣는다.
3 우려낸 홍차를 찻잔에 붓는다.
4 사과 슬라이스, 허브로 장식해서 마무리한다.

Quince

모과청

마지막 가을 햇살까지 머금은 듯한 모과나무는 가을이면 어디서나 쉽게 눈에 띈다. 사과와 배를 섞은 듯한 모과는 과육이 단단하고 신맛이 많이 나 생으로는 먹을 수 없다. 청으로 만들어 숙성하면 복합적인 풍미를 느끼며 마실 수 있고, 건강에 좋을 뿐 아니라 향기가 매우 좋아 기분 전환에도 좋다. 과육이 단단해 손질하기가 조금 까다롭지만, 겨울을 대비해 만들어두어도 좋겠다. 향긋한 모과와 레몬의 풍미를 함께 즐겨보자.

Recipe

모과 300g, 레몬즙 30g, 유기농 설탕 300g

1 모과는 깨끗하게 세척한 뒤 물기를 제거한다.
2 모과의 반을 잘라 씨를 제거한다.
3 조각내 가로로 얇게 슬라이스 하거나 채 썬다.
4 유기농 설탕, 레몬즙을 넣어 주걱으로 살살 잘 섞는다.
5 설탕이 완전히 녹으면 소독한 밀폐 용기에 담아 냉장 보관한다.
6 2주간 숙성한 뒤 음료 베이스로 사용한다.
7 3개월간 냉장 보관이 가능하다.

모과 레몬밤 허브 에이드 Quince Lemon Balm Herb Ade

모과청 5T, 탄산수 200ml, 레몬밤, 얼음, 라임, 허브

1. 유리컵에 모과청을 용량만큼 넣는다.
2. 레몬밤을 넣고 풍미가 올라오도록 머들러로 살짝 으깬다.
3. 얼음을 컵의 절반 이상 채운다.
4. 탄산수 200ml를 붓는다.
5. 라임 슬라이스와 허브로 장식해서 마무리한다.

가을
Fall

모과 레몬그라스 티

Quince Lemon Grass Tea

모과청 3T, 따뜻한 물 150ml, 레몬그라스 티백 1개, 건과일, 허브

1 찻잔에 모과청을 용량만큼 넣는다.
2 레몬그라스 티백을 함께 넣고 따뜻한 물 150ml를 붓는다.
3 티백을 5분 뒤 꺼낸다.
4 건과일, 허브로 장식해서 마무리한다.

오미자 레몬청

오미자의 수확 시기는 8~9월이다. 오미자는 맵고, 짜고, 달고, 신 다섯 가지 맛을 지니고 있다. 오미자라는 이름은 이러한 특성에서 온 것이다. 심장을 강하게 하고 혈압을 내리며 면역력을 높여주어 강장제로도 쓴다. 항산화 성분이 풍부하고 눈을 맑게 하며 목은 촉촉하게 만드는 건강식품이다.

Recipe

오미자 250g, 레몬 슬라이스 50g, 레몬즙 30ml, 유기농 설탕 330g

1 오미자는 깨끗하게 세척한 뒤 알맹이만 떼어내 물기를 제거한다.
2 레몬은 깨끗하게 세척한 뒤 물기를 제거한다.
3 레몬의 양옆 꼭지를 제거하고 세워서 반을 잘라 가로로 반달 모양으로 슬라이스 한다.
4 레몬의 씨는 쓴맛을 유발하니 모두 제거한다.
5 오미자, 레몬 슬라이스, 유기농 설탕, 레몬즙을 넣어 주걱으로 살살 섞는다.
6 설탕이 실온에서 완전히 녹으면 소독한 밀폐 용기에 담아 냉장 보관한다.
7 1개월간 숙성한 뒤 채반을 받쳐 과육은 걸러내고, 일주일간 숙성 뒤 음료 베이스로 사용한다.
8 3개월간 냉장 보관이 가능하다.

그린멜로즈의
사계절
그린 레시피

오미자 라임 에이드

Schizandra Lime Ade

오미자 레몬청 4T, 탄산수 200ml, 라임즙 1t, 얼음, 키위, 라임, 레드커런트, 허브

1 유리컵에 오미자청을 용량만큼 넣는다.
2 라임은 즙을 짜서 1t를 함께 넣는다.
3 얼음을 컵의 절반 이상 채우고 탄산수 200ml를 붓는다.
4 오미자와 비슷한 서양의 레드커런트, 라임 슬라이스, 키위로 장식해서 마무리한다.
5 따뜻한 차로 즐겨도 좋다.

가을
Fall

다섯 가지 맛을 지니고 있어,
오미자라고 불리게 되었다

*Apple Carrot Orange Ginger
Smoothies*

오렌지 당근 진저 스무디

면역체계를 강화하는 데 도움이 되는 뿌리채소 스무디를 만들어보자. 기분을 상큼하게 만들고 가을에 몸을 따뜻하게 해주는 뿌리채소 당근과 생강을 활용하면 좋다. 매운맛의 진저는 항염 효과와 몸을 따뜻하게 해주는 효능이 있어, 가을과 겨울에 필수적인 향신료이다. 악취를 없애며 식욕 증진에도 효과적이다.

Recipe

오렌지 2개, 슬라이스 당근 1컵, 사과 1개, 생강 1조각, 레몬즙 1T, 코코넛 워터 1컵, 아가베 시럽

1 오렌지는 양쪽 끝부분을 제거해 세워서 껍질을 제거하고 한입 크기로 썬다.
2 사과는 껍질째 씨를 제거하고 한입 크기로 자른다.
3 당근은 깨끗하게 세척한 뒤 한입 크기로 잘라서 블렌더에 넣는다
4 세척한 뒤 껍질을 벗긴 생강, 레몬즙, 코코넛 워터를 추가로 넣어 부드러워질 때까지 갈아준다.
5 코코넛 워터로 농도를 조절한다.
6 단맛을 원하면 꿀 또는 아가베 시럽을 추가한다.
7 밀폐 용기에 담아 냉장 보관하며 2일 이내에 섭취한다.

그린멜로즈의
사계절
그린 레시피

라즈베리 라벤더 코디얼

냉동 라즈베리를 활용해 사계절 내내 손쉽게 홈메이드 심플 시럽을 만들 수 있다. 라벤더는 우울감을 줄이고 회복과 진정 효과가 탁월하다. 라즈베리 라벤더 조합은 상큼한 풍미로 칵테일, 홈파티 음료 베이스로도 활용이 가능하다. 상큼한 라즈베리와 은은하고 포근한 라벤더의 풍미를 다양하게 즐겨보자.

Recipe

라즈베리 150g, 물 250g, 레몬즙 20g, 유기농 설탕 200g, 라벤더 허브티 3g

1 라즈베리는 해동해 머들러로 살짝 으깬다.
2 설탕을 넣어 실온에 1시간 정도 놓아둔다.
3 레몬즙, 물, 라벤더를 넣어 약불에서 15분간 끓인다.
4 채반을 받쳐 건더기는 걸러낸다.
5 밀폐 용기에 담아 완전히 식으면 냉장 보관한다.
6 3일간 숙성한 뒤 음료 베이스로 사용한다.
7 3개월간 냉장 보관이 가능하다.

스파클링 라즈베리 라벤더 에이드   Sparkling Raspberry Lavender Ade

라즈베리 코디얼 5T, 탄산수 200ml, 얼음, 라즈베리, 허브

1 유리컵에 라즈베리 코디얼을 용량만큼 넣는다.
2 얼음을 컵의 절반 이상 채우고 탄산수 200ml를 붓는다.
3 라즈베리와 허브로 장식해서 마무리한다.
4 탄산수 대신 따뜻한 물을 넣어 차로 즐겨도 좋다.

가을
Fall

라즈베리와 라벤더는
우울감을 해소하여
기분 전환에 좋다

단호박 바닐라 시나몬 스무디

가을 하면 떠오르는 황금빛 단호박. 크림처럼 부드럽고 달콤한 단호박 스무디는 면역력을 높이고 섬유질과 영양소가 풍부하며 포만감을 유지해줘서 가벼운 식사 대용으로 즐기기 좋다.
식물성 우유와 호박 퓨레, 몸의 기운을 높여주는 시나몬으로 풍미를 높여 가을의 정취를 더한다.

Recipe

단호박 퓨레 2컵, 바나나 1개, 시나몬 파우더 1/2t, 바닐라 시럽 1T, 코코넛 밀크 1/2컵, 아몬드 밀크 2컵

1 단호박은 삶아서 껍질을 벗기고 한입 크기로 잘라서 준비한다.
2 바나나, 코코넛 밀크, 아몬드 밀크, 시나몬 파우더, 바닐라 시럽을 넣어 부드러워질 때까지 블렌더에 갈아준다.
3 아몬드 밀크로 농도를 조절한다.
4 단맛을 원하면 꿀 또는 아가베 시럽을 추가한다.
5 밀폐 용기에 담아 냉장 보관하며 2일 이내 섭취한다.
6 따뜻하게 해서 즐겨도 좋다.

겨울
Winter

Citron Oolong Tea Ade / Citron Chamomile Tea / Lemon Ginger Tea Ade / Lemon Ginger Tea / Christmas Punch / Cranberry Milk / Kiwi Non-alcoholic Mojito / Kiwi Strawberry Ade / Strawberry Simple Cordial / Strawberry Non-alcoholic Mojito / Strawberry Black Milk Tea / Hallabong Hibiscus Ade / Hallabong Mint Ade / Dragon Fruit Smoothie / Tropical Fruits Ade / Papaya Banana Smoothie / Simple Mulled Wine / Simple Mulled Wine Tea / Iced Mulled Wine / Grapefruit Tea with Honey / Grapefruit Ade / Grapefruit Rose Hip Simple Cordial / Chocolate Ginger Smoothie / Milk Tea Simple Syrup / Ice Milk Tea

유자청

껍질이 울퉁불퉁하고 신맛이 특징인 유자는 11월 제철 과일이다. 달콤한 맛과 부드러운 향이 특징인 유자는 비타민C가 풍부해 감기에 효과가 높다. 노폐물 배출에도 효과적이다. 은은한 유자의 풍미와 캐모마일 허브티를 블렌딩해서 취향에 따라 때론 따뜻하게, 때론 차갑게 음미해보자.

Recipe

유자 껍질 235g, 유자즙 45g, 레몬즙 20g, 유기농 설탕 300g

1 유자는 깨끗하게 세척한 뒤 물기를 제거한다.
2 반으로 잘라 껍질과 과육을 분리해 수저로 유자 안쪽 흰 속껍질을 모두 긁어낸다.
3 껍질은 얇게 채 썰어서 준비하고 과육은 즙을 낸다. (필러를 사용해도 좋다.)
4 유기농 설탕, 레몬즙을 넣어 주걱으로 살살 잘 섞는다.
5 설탕이 완전히 녹으면 밀폐 용기에 담아 냉장 보관한다.
6 2~3주 정도 숙성한 뒤 음료 베이스로 사용한다.
7 3개월간 냉장 보관이 가능하다.

그린멜로즈의
사계절
그린 레시피

유자 우롱티 에이드   Citron Oolong Tea Ade

유자청 4T, 따뜻한 물 100ml, 우롱 블렌딩 티백 1개, 얼음, 과일, 허브

1 따뜻한 물 100ml에 우롱 블렌딩 티백 1개를 3분간 우려낸다.
2 유리컵에 유자청을 용량만큼 넣는다.
3 얼음을 컵의 절반 이상 채운다.
4 우려낸 우롱티를 유리컵에 붓는다.
5 건과일이나 생과일, 허브로 장식해서 마무리한다.

겨울
Winter

유자 캐모마일 티 Citron Chamomile Tea

유자청 3T, 따뜻한 물 150ml, 캐모마일 허브티백 1개, 허브

1. 찻잔에 유자청을 용량만큼 넣는다.
2. 따뜻한 물 150ml를 붓는다.
3. 캐모마일 허브티백을 넣어 3분간 우려내고 티백은 뺀다.
4. 과일, 허브로 장식해서 마무리한다.

Lemon Ginger

레몬 진저청

진저는 중국의 공자가 몸을 따뜻하게 하기 위해 식사 때마다 반드시 챙겨 먹었다는 식재료이다. 냄새가 강하고 향긋하면서도 뚜렷한 특색의 맛이 있어, 다양한 요리와 음료에 쓰이는 건강한 식재료다. 상큼한 레몬의 맛과 톡 쏘는 진저에 허브티의 풍미를 올려 부드럽게 즐기기 좋다. 겨울에 건강을 지키는 최고의 조합이 되어줄 것이다.

Recipe

레몬 슬라이스 250g, 생강 50g, 레몬즙 30g, 유기농 설탕 260g

1 레몬은 깨끗하게 세척한 뒤 물기를 제거한다.
2 생강 껍질을 벗겨 세척한 뒤 물기를 제거한다.
3 레몬의 양옆 꼭지를 제거하고 원형 또는 반달 모양으로 슬라이스 한다.
4 레몬의 씨는 모두 제거한다.
5 생강은 얇게 편 썰거나 채 썬다.
6 유기농 설탕, 레몬즙을 넣어 주걱으로 살살 잘 섞는다.
7 2주간 숙성한 뒤 음료 베이스로 사용한다.
8 3개월간 냉장 보관이 가능하다.

그린멜로즈의
사계절
그린 레시피

레몬 진저티 에이드   Lemon Ginger Tea Ade

레몬 진저청 4T, 따뜻한 물 100ml, 허브티백 1개, 얼음, 레몬, 허브

1   따뜻한 물 100ml에 허브티백을 1개를 3분간 우려낸다.
2   유리컵에 레몬 진저청을 용량만큼 넣는다.
3   얼음을 컵의 절반 이상 채운다.
4   우린 허브티를 유리컵에 붓는다.
5   레몬 슬라이스, 허브로 장식해서 마무리한다.
6   시트러스와 진저가 블렌딩된 허브티와 즐기면 더 풍미가 좋다.

겨울
Winter

레몬 진저티

Lemon Ginger Tea

레몬 진저청 3T, 따뜻한 물 150ml, 레몬, 허브

1 찻잔에 레몬 진저청을 용량만큼 넣는다.
2 따뜻한 물을 150ml 붓는다.
3 레몬 슬라이스, 허브로 장식해서 마무리한다.
4 냄비에 끓여 따뜻하게 마시면 생강의 깊은 맛이 더 우러난다.

크랜베리청

상큼한 붉은 과일 크랜베리는 추수감사절과 크리스마스에 더 인기가 높다. 크랜베리청을 활용해 크리스마스 펀치를 만들어보자. 묵직한 진저에일 또는 스파클링와인으로 만들어 즐겨도 좋다. 크랜베리에 풍부한 안토시아닌 색소는 야맹증, 시력 개선에 효과가 높고 간 기능 개선도 돕는다.

Recipe

냉동 크랜베리 300g, 레몬즙 30g, 유기농 설탕 260g

1 냉동 크랜베리는 실온에서 30분 정도 해동한다.
2 유기농 설탕, 레몬즙을 넣어 주걱으로 살살 잘 섞는다.
3 설탕이 완전히 녹으면 소독된 밀폐 용기에 담아 냉장 보관한다.
4 일주일간 숙성한 뒤 음료 베이스로 사용한다.
5 2개월간 냉장 보관이 가능하다.

크리스마스 펀치　　　　　　　　　　　Christmas Punch

크랜베리청 3T, 오렌지청 1T, 애플 시나몬청 1T, 진저에일 200ml, 얼음, 과일, 허브, 시나몬 스틱

1　유리컵에 크랜베리청을 용량만큼 넣는다.
2　오렌지청, 애플 시나몬청을 넣어 잘 섞는다.
3　얼음을 컵의 절반 이상 채우고 진저에일로 채운다.
4　과일, 허브, 시나몬 스틱 등을 좋아하는 향신료와 함께 장식해서 마무리 한다.

크랜베리 밀크

Cranberry Milk

크랜베리청 5T, 우유 200ml, 얼음, 과일, 허브

1 유리컵에 크랜베리청을 용량만큼 넣는다.
2 얼음을 컵의 절반 채우고 우유 200ml를 붓는다.
3 과일, 허브로 장식해서 마무리한다.

에메랄드 키위청

중국이 원산지인 키위는 현재는 주로 뉴질랜드, 이탈리아 등 따뜻한 지방에서 많이 재배한다. 비타민C가 오렌지의 2배, 비타민E가 사과의 6배, 식이섬유소가 바나나의 5배 들어 있다고 할 만큼 영양도 풍부하다. 칼륨도 풍부해 다이어트에도 효과적이고 면역력을 증대하며 고혈압도 예방한다.

Recipe

에메랄드 키위 300g, 레몬즙 30g, 유기농 설탕 260g

1 키위는 깨끗하게 세척한 뒤 물기를 제거한다.
2 키위 꼭지를 제거한 뒤 위 아래로 껍질을 벗긴다.
3 가로로 1cm 정로로 슬라이스 해서 다시 큐브 모양으로 썰어준다.
4 유기농 설탕, 레몬즙을 넣어 주걱으로 살살 잘 섞는다.
5 설탕이 완전히 녹으면 소독한 밀폐 용기에 담아 냉장 보관한다.
6 일주일간 숙성한 뒤 음료 베이스로 사용한다.
7 2개월간 냉장 보관이 가능하다.

키위 논알코올 모히토 Kiwi non-alcoholic Mojitoe

에메랄드 키위청 4T, 라임즙 1T, 토닉워터 200ml, 얼음, 키위, 애플민트

1. 유리컵에 키위청, 애플민트 잎을 넣어 맛과 향이 올라오게 머들러로 으깬다.
2. 얼음을 컵의 절반 이상 채우고 라임즙 1T, 토닉워터 200ml를 붓는다.
3. 탄산수를 사용해도 좋다.
4. 키위 슬라이스, 애플민트로 장식해서 마무리한다
5. 기호에 맞게 알코올 음료로 즐기려면 럼 1T를 추가해도 좋다.

겨울
Winter

키위 스트로베리 에이드

Kiwi Strawberry Ade

에메랄드 키위청 3T, 딸기 코디얼 2T, 탄산수 200ml, 얼음, 딸기, 키위, 로즈메리

1 유리컵에 에메랄드 키위청을 용량만큼 넣는다.
2 얼음을 컵의 반만 채우고 딸기 코디얼을 위에서 2T를 붓는다.
3 탄산수 200ml를 붓는다.
4 딸기, 키위 슬라이스, 로즈메리로 장식해서 마무리한다.

딸기 코디얼

선선한 기후에서 잘 자라는 딸기는 주로 봄에 먹지만 겨울에도 잘 활용해 비타민을 보충하고 맛있게 즐길 수 있는 과일이다. 꼭지가 마르지 않고 진한 푸른색을 띠는 것, 과육의 붉은 빛깔이 꼭지 부분까지 도는 것이 잘 익은 딸기이다. 딸기를 활용해 시원하고 때론 따뜻한 음료를 다양하게 만들어보자.

Recipe

딸기 200g, 물 200g, 레몬즙 30g, 유기농 설탕 200g

1 딸기는 손이나 머들러로 살짝 으깬다. (냉동딸기를 사용해도 좋다.)
2 설탕을 넣어 실온에 1~2시간 정도 놓아둔다.
3 레몬즙, 물을 넣어 약불에서 15분 끓인다.
4 채반을 받쳐 건더기는 걸러낸다.
5 밀폐 용기에 담아 완전히 식으면 냉장 보관한다.
6 3일간 숙성한 뒤 음료 베이스로 사용한다.
7 3개월간 냉장 보관이 가능하다.

그린멜로즈의
사계절
그린 레시피

딸기 논알코올 모히토

Strawberry Non-alcoholic Mojito

딸기 코디얼 4T, 라임 1t, 탄산수 200ml, 얼음, 딸기, 라임, 애플민트

1 유리컵에 라임을 작게 잘라 애플민트 잎을 함께 넣어 향이 올라오게 머들러로 으깬다.
2 딸기 코디얼과 라임즙을 용량만큼 넣는다.
3 얼음을 컵의 절반 이상 채우고 탄산수 200ml를 붓는다.
4 취향에 따라 럼 1T를 추가해도 좋다.
5 라임 슬라이스, 딸기, 애플민트로 장식해서 마무리한다.

겨울
Winter

딸기 블랙 밀크티

Strawberry Black Milk Tea

딸기 코디얼 5T, 우유 150ml, 얼음, 따뜻한 물 70ml, 홍차 티백 1개, 딸기, 허브

1. 따뜻한 물 70ml에 홍차를 3분간 진하게 우려낸다.
2. 유리컵에 코디얼을 용량만큼 넣는다.
3. 얼음을 컵의 절반 이상 채우고 우유 150ml를 붓는다.
4. 우려낸 홍차를 위에서 천천히 층이 생기게 붓는다.
5. 딸기, 허브로 장식해서 마무리한다.

스위트그린 자몽청

스위트그린 자몽, 즉 메로골드는 겨울에 이스라엘에서 수입되며 청자몽이라고도 한다. 자몽처럼 과즙이 많고 상큼 달콤하고 쌉싸름한 맛이 적어 부담 없이 즐길 수 있다. 비타민이 가장 풍부한 과일 중 하나이다. 감기 예방, 피로 회복, 숙취에 효과적이며 자몽 반 개만으로도 하루에 필요한 비타민C를 섭취할 수 있다고 한다. 활동량이 줄어드는 겨울에 더 부족해지는 비타민을 자몽청으로 보충해보자.

Recipe

스위트그린 자몽 과육 300g, 레몬즙 30g, 유기농 설탕 260g

1 스위트그린 자몽은 깨끗하게 세척한 뒤 물기를 제거한다.
2 자몽의 양옆 꼭지를 제거하고 세워서 칼로 위아래로 겉 껍질과 속껍질 부분을 제거한다.
3 속살 껍질 사이에 칼집을 내서 과육만 빼낸다.
4 유기농 설탕, 레몬즙을 넣어 주걱으로 살살 잘 섞는다.
5 설탕이 완전히 녹으면 밀폐 용기에 담아 냉장 보관한다.
6 일주일간 숙성한 뒤 음료 베이스로 사용한다.
7 2개월간 냉장 보관이 가능하다.

한라봉청

툭 튀어나온 꼭지 부분 모양이 한라산과 닮았다고 해서 한라봉이라는 이름이 붙은 이 과일은 뛰어난 천연 항산화제다. 감귤과 비슷하지만 맛과 향이 훨씬 더 짙고 풍부하며 껍질도 두툼하다. 껍질이 얇을수록 당도가 높다. 금방 수확한 한라봉은 푸석하고 즙이 적으며 진한 맛이 없어 피하는 것이 좋다. 껍질이 들뜨거나 주름이 많은 한라봉은 신맛이 강하거나 싱거운 경우가 많다.

Recipe

한라봉 과육 300g, 레몬즙 30g, 유기농 설탕 260g

1 한라봉은 깨끗하게 세척한 뒤 물기를 제거한다.
2 겉껍질을 제거하고 속껍질을 벗겨내 과육만 사용한다.
3 유기농 설탕, 레몬즙을 넣어 주걱으로 살살 잘 섞는다.
4 설탕이 완전히 녹으면 소독한 밀폐 용기에 담아 냉장 보관한다.
5 일주일간 숙성한 뒤 음료 베이스로 사용한다.
6 2개월간 냉장 보관이 가능하다.

한라봉 히비스커스 에이드 　　　　　　　　Hallabong Hibiscus Ade

한라봉청 5T, 따뜻한 물 100ml, 얼음, 히비스커스 티백 1개, 한라봉, 허브

1 따뜻한 물 100ml에 허브티백을 1개를 5분간 우려낸다.
2 유리컵에 한라봉청을 용량만큼 넣는다.
3 얼음을 컵의 절반 이상 채운다.
4 우려낸 히비스커스 티를 유리컵에 붓는다.
5 한라봉 슬라이스, 허브로 장식해서 마무리한다.

겨울
Winter

한라봉 민트 에이드 Hallabong Mint Ade

한라봉청 5T, 탄산수 200ml, 얼음, 생 페퍼민트 잎, 건과일

1 유리컵에 민트 잎을 넣어 맛과 향이 올라오게 머들러로 살짝 으깬다.
2 유리컵에 한라봉청을 용량만큼 넣는다.
3 얼음을 컵의 절반 이상 채우고 탄산수 200ml를 붓는다.
4 건과일 또는 민트로 장식해서 마무리한다.

레드 용과 스무디

선인장에서 자라는 용과는 온화한 아열대 기후에서 주로 생산된다. 레드 용과는 화이트 용과보다 식감이 부드럽고 더 달콤하다. 항산화 효과도 탁월하다. 수분 함량이 높고, 섬유질이 풍부하며, 열량이 낮고 무기질도 풍부하여 당뇨환자의 식이요법에 널리 응용되기도 한다. 독특한 풍미와 생김새로 먹는 즐거움을 더한다.

Recipe

레드용과 1컵, 망고 1컵, 오렌지 1개, 코코넛 밀크 1/4컵, 코코넛 워터 1컵, 아가베 시럽

1 레드 용과, 망고는 껍질을 제거한 뒤 한입 크기로 자른다.
2 오렌지는 양옆 꼭지를 제거하고 세워서 껍질을 제거하고 자른다.
3 코코넛 밀크, 코코넛 워터를 붓는다.
4 모든 재료가 혼합되어 부드러워질 때까지 갈아준다.
5 코코넛 워터로 농도를 조절한다.
6 단맛을 원하면 꿀 또는 아가베 시럽을 추가한다.
7 밀폐 용기에 담아 냉장 보관하며 2일 이내 섭취한다.

열대 과일 청

겨울에도 열대 과일 음료를 즐길 수 있다! 겨울에도 만날 수 있는 용과, 파파야, 망고 등을 레몬과 혼합해 청을 만들고 꾸준히 마셔보자. 활동량이 줄어들고 추위 때문에 움츠러들기 쉬운 겨울에 싱그러운 여름과 같은 활력소가 되어줄 것이다.

Recipe

레드 용과 80g, 화이트 용과 60g, 파파야 70g, 망고 90g, 레몬즙 30g, 유기농 설탕 260g

1 용과, 파파야, 망고는 깨끗하게 세척한 뒤 물기를 제거한다.
2 껍질은 모두 벗기고 가로 1cm 두께로 슬라이스 한 뒤 다시 큐브 모양으로 썰어준다.
3 유기농 설탕, 레몬즙을 넣어 주걱으로 살살 잘 섞는다.
4 설탕이 완전히 녹으면 소독된 밀폐 용기에 담아 냉장 보관한다.
5 일주일간 숙성한 뒤 음료 베이스로 사용한다.
6 2개월간 냉장 보관이 가능하다.

열대과일 에이드

Tropical Fruits Ade

열대과일청 5T, 탄산수 200ml, 얼음, 용과, 허브

1 유리컵에 열대과일청을 용량만큼 넣는다.
2 얼음을 컵의 절반 이상 채우고 탄산수 200ml를 붓는다.
3 용과 슬라이스와, 허브로 장식해서 마무리한다.
4 기호에 따라 우유로 즐겨도 좋다.

열대과일 청은 겨울에
여름의 활력을 더해줄 것이다

파파야 바나나 스무디

콜럼버스가 '천사의 열매'라고 했다는 파파야는 맛도 좋지만 비타민과 카로티노이드가 풍부하다. 칼로리가 낮아 다이어트에도 좋다. 바나나는 탄수화물과 비타민이 풍부해 든든한 한 끼 식사가 되기도 한다. 파파야와 바나나로 스무디를 만들면 아무리 추운 겨울에라도 면역력과 비타민을 양껏 섭취할 수 있다.

Recipe

파파야 1컵, 바나나 1개, 파인애플 1컵, 망고 1컵, 바닐라 시럽 1T, 아몬드 밀크 1컵

1 파파야는 후숙해 껍질을 제거해 자른다.
2 바나나는 껍질을 제거한 뒤 조각낸다.
3 파인애플, 망고를 1컵씩 넣는다. (시원하게 즐기려면 냉동 과일을 사용한다.)
4 바닐라 시럽 1T, 아몬드 밀크 1컵을 넣어준다.
5 모든 재료가 혼합되어 부드러워질 때까지 갈아준다.
6 단맛을 더 원하면 꿀 또는 아가베 시럽을 추가한다.
7 밀폐 용기에 담아 냉장 보관하며 2일 이내 섭취한다.

그린멜로즈의
사계절
그린 레시피

Simple Mulled Wine

뱅쇼

프랑스에서는 따뜻한 와인을 뱅쇼(Vin Chaud), 독일에서는 글루바인(Glühwein)이라고 한다. 더 정확하게는 와인에 시나몬, 과일 등을 첨가하여 따뜻하게 끓인 음료로, 겨울철 유럽 전역에서 즐겨 마신다. 다양한 재료나 제철 과일 등을 첨가해 끓여놓은 뒤 맛볼 수 있다. 주로 따뜻하게 마시지만 시원하게 마시며 독특하고 상큼하게 즐길 수 있다.

Recipe

레드와인 1병, 사과 1개, 오렌지 1개, 레몬 1개, 유기농 설탕 200g, 월계수 잎 4개, 아니스타 6개, 정향 8개, 시나몬 스틱 4개

1 사과는 4등분 후 씨를 제거하고 가로로 슬라이스 한다.
2 레몬, 오렌지는 양옆 꼭지를 제거하고 껍질째 세워서 반을 잘라 반달로 슬라이스 한다.
3 월계수 잎, 아니스타, 정향, 시나몬 스틱을 용량만큼 넣는다.
4 레드 와인 1병, 설탕을 넣어 약불에서 30분 이상 끓인다.
5 2~3시간 숙성한 뒤 채반을 받쳐 건더기는 걸러낸다.
6 따뜻하게 데워서 따뜻한 차로 마시거나 얼음을 첨가해 아이스 뱅쇼로 즐긴다.
7 남은 뱅쇼는 밀폐 용기에 담아 완전히 식으면 냉장 보관한다.
8 일주일 이내 섭취한다.

뱅쇼 티   Simple Mulled Wine Tea

뱅쇼 200ml, 시나몬 스틱, 아니스타, 냉동 베리, 허브

1 뱅쇼는 따뜻하게 데워서 찻잔에 담는다.
2 시나몬 스틱, 아니스타, 냉동 베리, 허브로 장식해서 마무리한다.
3 물은 기호에 맞게 추가한다.

겨울
Winter

아이스 뱅쇼

Iced Mulled Wine

뱅쇼 200ml, 레몬 슬라이스, 얼음, 냉동 베리, 허브, 시나몬 스틱

1 유리컵에 뱅쇼를 용량만큼 넣는다.
2 얼음을 컵의 절반 이상 채운다.
3 탄산수를 이용해도 좋다.
4 레몬 슬라이스, 냉동 베리, 시나몬 스틱, 허브로 장식해서 마무리한다.

Grapefruit with Honey

자몽 꿀청

플로리다 레드자몽을 활용해 사계절 내내 손쉽게 홈메이드 청을 만들 수 있다. 자몽은 과일 중에서도 비타민이 가장 풍부해 약재와도 비슷한 기능을 한다. 콜레스테롤을 낮추고 혈관 질환도 예방할 수 있으며 다이어트에도 물론 효과가 좋다. 겨울에도 따뜻하게 즐기며 부족해지기 쉬운 비타민을 보충할 수 있다.

Recipe

자몽 과육 300g, 레몬즙 30g, 유기농 설탕 250g, 꿀 1T

1 자몽은 깨끗하게 세척한 뒤 물기를 제거한다.
2 자몽의 양옆 꼭지를 제거하고 세워서 칼로 겉껍질과 속껍질 흰 부분을 제거한다.
3 속살 껍질 사이에 칼집을 내서 과육만 빼낸다.
4 유기농 설탕, 레몬즙, 꿀 1T를 넣어 주걱으로 살살 잘 섞는다.
5 설탕이 완전히 녹으면 밀폐 용기에 담아 냉장 보관한다.
6 일주일간 숙성한 뒤 음료 베이스로 사용한다.
7 2개월간 냉장 보관이 가능하다.

자몽 꿀차

Grapefruit Tea with Honey

자몽 꿀청 3T, 따뜻한 물 150ml, 레몬, 허브

1 찻잔에 자몽 꿀청을 용량만큼 넣는다.
2 따뜻한 물 150ml를 끓여 붓는다.
3 레몬 슬라이스, 허브로 장식해서 마무리한다.
4 홍차 티백을 함께 우려 마셔도 좋다.

겨울
Winter

자몽 에이드

Grapefruit Ade

자몽 꿀청 5T, 탄산수 200ml, 얼음, 레몬 또는 자몽 슬라이스, 과일, 허브

1 유리컵에 자몽청을 용량만큼 넣는다.
2 얼음을 컵의 절반 이상 채우고 탄산수 200ml를 붓는다.
3 레몬이나 자몽 슬라이스, 허브로 장식해서 마무리한다.

Grapefruit Rose Hip Simple Cordial

자몽 로즈힙 코디얼

들장미 열매인 로즈힙은 허브의 한 종류로, 달콤하고 우아한 특유의 향으로 자몽의 쓴맛과 조화를 이룬다. 로즈힙에는 레몬의 20배 이상인 비타민C가 들어 있다고 한다. 세포 재생 효과가 뛰어나 피부 미용과 건강에도 좋다. 오일로도 인기가 높다. 자몽과 로즈힙 코디얼은 풍부한 비타민과 독특한 향으로 건강과 기분을 지켜줄 것이다.

Recipe

자몽즙 250g, 레몬즙 20g, 허브 로즈힙 15g, 유기농 설탕 200g

1 자몽은 깨끗하게 세척한 뒤 물기를 제거한다.
2 시트러스 착즙기로 자몽을 착즙한다.
3 자몽 착즙, 레몬즙, 로즈힙, 유기농 설탕을 넣어 약불에서 은은하게 20분 정도 끓인다.
4 불에서 내려 채반을 받쳐 건더기는 걸러낸다.
5 소독한 밀폐 용기에 담아 완전히 식으면 냉장 보관한다.
6 3일간 숙성한 뒤 음료 베이스로 사용한다.
7 3개월간 냉장 보관이 가능하다.

그린멜로즈의
사계절
그린 레시피

Chocolate Ginger Smoothie

초코 진저 스무디

달콤한 초코와 독특한 생강의 만남! 독특하고 고급스러운 맛을 끌어낼 수 있다. 카카오 열매로 만드는 초콜릿은 맛있을 뿐만 아니라 폴리페놀 함량이 높고 항산화 기능이 활발하다. 따라서 암, 노화 등의 원인이 되는 활성산소를 억제하고 성인병 예방에도 좋다. 초코의 깊고 부드러운 맛과 톡 쏘는 진저가 어우러지는 조화를 음미해보자.

Recipe

바나나 2개, 발로나 카카오 가루 1.5T, 진저 가루 1/4t, 대추야자 4개, 아몬드 밀크(캐슈 밀크) 2컵

1 바나나는 껍질을 제거한 뒤 조각낸다.
2 대추야자는 반 잘라 씨를 제거하고 넣는다.
3 발로나 카카오 가루, 진저 가루, 아몬드 밀크를 넣는다.
4 모든 재료가 혼합되어 부드러워질 때까지 갈아준다.
5 단맛을 더 원하면 꿀 또는 아가베 시럽을 추가한다.
6 밀폐 용기에 담아 냉장 보관하며 2일 이내 섭취한다.

밀크티 시럽

밀크티는 아삼, 실론티 등 홍차를 진하게 우려낸 뒤 우유, 설탕을 섞어 마시는 영국식 음료이다. 우유에 들어 있는 단백질인 카세인이 홍차 맛을 부드럽게 만들고 영양가도 높인다. 사계절 내내 다양하게 즐길 수 있는 밀크티 시럽을 만들어두면 때로는 따뜻하게, 때로는 시원하게 맛보며 겨울철 영양을 보충하고 자칫 우울해지기 쉬운 기분도 달랠 수 있다. 밀크티 찻잎을 사용해 밀크티를 만들어 즐겨보자.

Recipe

찻잎 25g, 물 300g, 유기농 설탕 150g

1 따뜻한 물에 찻잎 25g을 넣어주고 5분~10분 정도 우려낸다.
2 티 스트레이너에 찻잎은 걸러 액체만 냄비에 담는다.
3 유기농 설탕을 넣어 15분 정도 약불에서 졸여준다.
4 소독된 밀폐 용기에 담아 완전히 식으면 냉장 보관한다.
5 3일간 숙성한 뒤 음료 베이스로 사용한다.
6 2개월간 냉장 보관이 가능하다.
7 취향에 맞게 밀크티 찻잎, 설탕 등을 조절한다.

아이스 밀크티

Ice Milk Tea

밀크티 시럽 4T, 우유 200ml, 얼음

1 유리컵에 밀크티 시럽을 용량만큼 넣는다.
2 얼음을 절반 이상 채우고 우유를 붓는다.
3 시원하게 아이스 밀크티로 즐긴다.

겨울
Winter

밀크티는 겨울철 영양을 보충하고
우울감도 해소한다

그린멜로즈의
사계절 그린 레시피

초판 1쇄 인쇄 2022년 8월 15일
초판 1쇄 발행 2022년 8월 25일

지은이 박진영
펴낸이 정용수

편집장 김민정   편집 조혜린
책임편집 박유진
디자인 김민지
영업·마케팅 김상연 정경민
제작 김동명   관리 윤지연

펴낸곳 ㈜예문아카이브
출판등록 2016년 8월 8일 제2016-000240호
주소 서울시 마포구 동교로18길 10 2층
문의전화 02-2038-3372 주문전화 031-955-0550 팩스 031-955-0660
이메일 archive.rights@gmail.com 홈페이지 ymarchive.com
인스타그램 yeamoon.arv

ISBN 979-11-6386-114-0 13590

㈜예문아카이브는 도서출판 예문사의 단행본 전문 출판 자회사입니다. 널리 이롭고 가치 있는 지식을 기록하겠습니다.
저작권법에 따라 보호를 받는 저작물이므로 무단 전재와 복제를 금합니다.
이 책 내용의 전부 또는 일부를 이용하려면 반드시 저작권자와 ㈜예문아카이브의 서면 동의를 받아야 합니다.

*책값은 뒤표지에 있습니다. 잘못 만들어진 책은 구입하신 곳에서 바꿔드립니다.